Heinz Bensberg

Vergangenes kehrt zurück

Heinz Bensberg

Vergangenes kehrt zurück

Das Erbe unserer Heimat

Bloggingbooks

Impressum / Imprint
Bibliografische Information der Deutschen Nationalbibliothek: Die Deutsche Nationalbibliothek verzeichnet diese Publikation in der Deutschen Nationalbibliografie; detaillierte bibliografische Daten sind im Internet über http://dnb.d-nb.de abrufbar.

Bibliographic information published by the Deutsche Nationalbibliothek: The Deutsche Nationalbibliothek lists this publication in the Deutsche Nationalbibliografie; detailed bibliographic data are available in the Internet at http://dnb.d-nb.de.

Coverbild / Cover image: www.ingimage.com

Verlag / Publisher:
Bloggingbooks
ist ein Imprint der / is a trademark of
OmniScriptum GmbH & Co. KG
Heinrich-Böcking-Str. 6-8, 66121 Saarbrücken, Deutschland / Germany
Email: info@bloggingbooks.de

Herstellung: siehe letzte Seite /
Printed at: see last page
ISBN: 978-3-8417-7412-5

Inhaltsverzeichnis

Vorwort

Liebe Leserin, lieber Leser,

das vorliegende Heimatbuch "Vergangenes kehrt zurück" ist quasi die Fortführung des Buches "Historisches wird lebendig." Sie sind entstanden, um die Geschichte der Heimat für die interessierten Bürger verständlicher zu gestalten und somit den Bezug zur Gegenwart herzustellen. Sie sollen dazu beitragen ein Interesse für das Leben lange vor unserer Zeit zu wecken.

Das Buch berichtet von den Zeiten, als die Wasserräder noch klapperten und auch für Vieh Wegegeld gezahlt werden musste, sowie über die verheerenden Hexenverfolgungen. Auch über die Pest wird berichtet und dass die Siegerländer so geschröpft wurden, dass sie gegen den Fürsten prozessten. Der Abschied vom uralten Bergbau wird festgehalten und wie der erste Schulmeister bezahlt wurde. Aber auch, wie ein Strohdach belegt wurde und wie die dickste Eiche des Siegerlandes fiel. Herrliche Aussprüche bzw. Anekdoten vom dem Original Clemens und noch Vieles mehr können Sie in diesem Buch auf leicht verständliche Art und Weise erfahren.

Auch dieses mal habe ich mich wieder in Kirchbücher einlesen müssen aber auch Literatur, Zeichnungen und Bilder aus alten Zeiten sowie Material aus diversen Archiven usw. studiert und teilweise mit ins Buch einfließen lassen.

Einige Quellenangaben und Texte, die ich übernommen habe, wurden entsprechend gekennzeichnet bzw. markiert. Wegen der Vielzahl der Berichte habe ich auf einen weiteren Anhang der Quellenangaben verzichtet.

Allen, die zum Gelingen dieses Werkes beigetragen haben, sei herzlich gedankt. Ein besonderer Dank gilt Frau Valentina Rudenco, die mir auch schon bei meinem ersten Buch, viel geholfen hat.

Es wäre schön, wenn durch dieses Buch, vor allen bei den jungen Menschen, die Neugier auf unser „Woher“ etwas geweckt würde, damit ihnen das „Wohin“ einsichtiger wird.

Glück Auf!

Heinz Bensberg
Hilchenbach im Juli 2014

1. Eine grauenvolle Zeit

Die verheerenden Hexenverfolgungen

Eine ganz dunkle Geschichte war die Hexenverfolgung vom 14. bis 18. Jahrhundert in Westeuropa, wobei natürlich auch das Siegerland leider nicht verschont blieb. Besonders war der Freudenberger Raum durch die Hexenprozesse im benachbarten Wildenburger Land betroffen.

Im Mittelalter wurden weibliche Personen, die lesen und schreiben sowie Medikamente herstellen konnten, darüber hinaus angeblich auch noch andere (Heil) Kräfte besaßen, als Hexen bezeichnet. Diese betreffenden Personen waren zuvor, nicht zuletzt wegen ihrer „heilenden Kräfte", sogar sehr angesehen. Dieses änderte sich allerdings, als die Kirche behauptete, sie ständen mit dem Teufel in Verbindung und besäßen Zauberkräfte. Vermutlich aus Angst vor Machtverlust wurden solche Äußerungen verbreitet. Wie lautet es passenderweise bereits im Buch Exodos Kapitel 22 Vers 17 im Alten Testament: "Eine Hexe sollst du nicht am Leben lassen".

Die verfolgten angeblichen Hexen wurden auch für Ernteausfälle, Krankheiten, Viehsterben, Unwetter, Blitzeinschlag usw. verantwortlich gemacht. Selbst für die Geburt eines behinderten Kindes wurde die betreffende Hebamme beschuldigt und als Hexe bezeichnet. Diese Frauen und Mädchen sollen mit dem Teufel im Bunde gestanden haben und fügten somit folgerichtig Menschen und Tieren Schaden zu. Die meisten verdächtigten Personen stammten aus den unteren Gesellschaftsschichten, aber auch weiblich Personen aus höherem Stand waren nicht sicher, wenn sie diesbezüglich auffällig wurden. Es konnte damals jeden treffen.

Historiker suchten nach Gründen, wie es zu diesen verheerenden Hexenverfolgungen mit über 100 000 Hinrichtungen in Europa kommen konnte. Es war die größte nicht kriegsbedingte Massentötung der Geschichte. Kriege, Krankheiten und Katastrophen erzeugten seinerzeit Angst, Panik und Aberglaube bei den Menschen. Die Ernten verdarben, die Menschen litten Hunger, das Vieh starb und Krankheiten wie die Pest, die weit mehr wie ein Drittel der Menschen hinwegraffte, breiteten sich aus. Man suchte Sündenböcke und fand sie in der abergläubischen Bevölkerung. Somit begann die Hetzjagd auf die Hexen.

Zur Legitimation der Hexenverfolgung wurde das Buch der "Hexenhammer" geschrieben. Der Dominikaner Heinrich Kramer veröffentlichte es 1486 in Speyer. Durch seine ausführliche Beschreibung wurde das Buch zum Gebrauchswerk der Hexenrichter. Es enthielt Vorgaben für Befragung und Folter, wie man zum Erfolg kommen könnte. Das Buch legitimierte jedes vom Hexenmeister genutzte Mittel, damit der Angeklagte seine Schuld gestand. Auch gab es Urteilsverkündigungen vor. Die Hexen galten grundsätzlich immer als schuldig. Hierdurch wurde der Hexenhammer zu einer Bibel für die Hexenrichter.

Bei den Hexenprozessen ging oft eine jahrelange Phase eines Gerüchtes voraus, welches von einer bereits inhaftierten Hexe unter Folter erfolgt war. Zu Beginn des Prozesses wurden die angeblichen Hexen, es waren meistens Frauen, vollständig entkleidet und rasiert, um ihre Zauberkraft zu brechen. Ihr Körper wurde dann nach einem Hexenmal untersucht. Bei dieser Gelegenheit kamen auch Vergewaltigungen des Opfers durch den Henker hervor. Den Beschuldigten wurde selten ein Recht auf Verteidigung gewährt. Es durfte seinerzeit keiner ohne Geständnis verurteilt werden. Durch die grausamen Foltermethoden wurde es bei den Hexenprozessen fast immer erreicht.

In der Regel gab es drei Phasen des Verhörs mit je einer Steigerung. Zuerst kam die gütige Befragung des Hexenrichters. Es war ein umfangreicher Fragenkatalog. So wurde u. A. gefragt, ob Absprachen, Verabredungen, Geschlechtsverkehr usw. mit dem Teufel gewesen wären. Erfolgte kein Geständnis, kam die zweite Stufe der Abschreckung. Es wurden die Folterwerkzeuge gezeigt, wie sie angewendet wurden und ihre Auswirkungen. Gab es noch kein Geständnis, wurde die dritte Stufe, die peinliche Befragung mit einer grauenvollen Folterei durchgeführt. Hierbei kam häufig ein Geständnis heraus, damit die unsagbaren Schmerzen endlich aufhörten. Die allgemeinen Schutzvorrichtungen z. B. Pausen und die Begrenzung der Folter auf eine Stunde wurden hierbei nicht beachtet. Auch die übliche Regelung, wenn nach dreimaligem Ansetzen der Folter kein Geständnis heraus kam, der oder die Angeklagte freizulassen sei, wurde nicht befolgt.

Bei den Hexenverbrennungen wurden die Verurteilten über schnell brennbares Material an einen Pfahl gebunden und bei lebendigem Leibe verbrannt. Der Feuertod sollte die Strafen der Hölle auf Erden vorwegnehmen. Dies alles geschah an Orten, wo viele Schaulustige zusehen konnten. Wer Glück hatte, dem band der Henker, weil er vorher von Angehörigen Geld bekommen hatte, das Seil so fest um den Hals, dass er vor der Verbrennung durch Halsbruch oder Erstickung starb. Die etwas abgemilderte Strafe war, dass erst die Enthauptung erfolgte und dann die Verbrennung in der Öffentlichkeit. Eine besondere Gnade erlangten einige Wenige, welche enthauptet und irgendwo außerhalb des Friedhofes begraben wurden.

Einige Folterwerkzeuge mit ihren Auswirkungen aus dem Mittelalter:

Die eine oder andere beschriebene Folter wurde mit sehr großer Wahrscheinlichkeit auch irgendwo bei der Hexenverfolgung angewendet. Holzsplitter wurden dem oder der Angeklagten beim "Pflöcke- oder Nageltreiben" unter Fuß- und Fingernägel getrieben, um ein Geständnis zu entlocken. Das "Halseisen oder auch

Würgeschraube" genannt presste den Hals zusammen und man bekam Atemnot. Bei der "Schädelpresse oder Kopfzwinge" entstand ein enormer Druck am Kopf. Bei der "Streckbank" wurde der Körper mit einer Winde auseinander gezogen, bis die Gelenke heraus sprangen. In eine Schraubzwinge wurde ein Finger bei der "Daumenschraube" gelegt und zusammengequetscht. Eine "Halskrause mit Dornen", die etwa fünf Kilogramm wog, wurde um den Hals gelegt und hinten verschlossen. Durch das Gewicht bohrten sich die Dornen langsam ins Fleisch.

Das Opfer behielt die Krause oft tagelang an, so dass es sich nicht hinlegen konnte. Beim "Riemenschneiden" wurden mit einem Messer Riemen aus der Haut geschnitten. Eine Walze gespickt mit Eisendornen wurde beim "Gespickten Hasen" über Bauch und Rücken gerollt. Die "Spanische Spinne" war wie ein Kamm. Ihre Spitzen waren aus Eisen und er wurde an empfindlichen Stellen unter die Haut geschoben und angehoben, um ein Geständnis zu erhaschen. Der "Spanische Bock" war ein dreikantiges hohes Holzklotz ,auf das eine Frau gesetzt wurde, die Gewichte an den Beinen hatte. Ziel war, die Misshandlung der Genitalien.

Wenn auch die Hexenhinrichtungen schon vor über 200 Jahren beendet wurden, haben wir heute noch verschiedene Sachen davon im Sprachgebrauch. So der "Hexenbesen" eine Verzweigung in den Bäumen. Oder das "Hexenkraut", der "Hexenpilz" und der "Hexenring", was alles in der Natur wächst. Auch der Ausdruck "Hexenstich" beim Nähen oder der plötzlich auftretende Dauerschmerz im Rücken der "Hexenschuss". "Sie ist eine richtige Hexe" wird auch heute noch gerne gegen böse Frauen zum Ausdruck gebracht.

1653 war ein Höhepunkt der Hexenverfolgung in Nassau-Siegen. So wurden alleine in Hilchenbach vom 1. März bis 19. Juli 1653 unter dem Schultheiß Theobald Stalp 14 Frauen und 4 Männer durch den Feuertod bzw. durch Decollation (Enthaupten) verurteilt. Die Verurteilten kamen nicht aus Hilchenbach, sondern aus den Orten Kredenbach, Niederndorf, Plittershagen, Krombach, Freudenberg, Geisweid und Oberfischbach. Hiervon kamen sieben Personen aus Plittershagen. Ort dieser Hinrichtungen muss vermutlich der Galgenberg in Hilchenbach gewesen sein. Da Hilchenbach Gerichtsitz war, sind von 1520 noch drei hingerichtete Frauen aktenkundig. Sie kamen aus den Orten Haarhausen, Oechelhausen und Grund und sollen auf der Richtstätte auf dem Ginsberg verbrannt worden sein. Den Verurteilten in Hilchenbach wurde ein oder mehrere aufgelistete Tatbestände vorgeworfen: Zauberei, Abgötterei, Hurerei, Sodomie, Ehebruch, Zauberische Errötung, Segnerei und Missbrauch des Namen Gottes.

Der Jesuit Friedrich Spee wurde als Kritiker der Hexenprozesse berühmt. Im Erzbistum Köln wurde er als heiligmäßige Person geführt. Es ist nicht sicher, ob er als Beichtvater die angeblich angeklagten Hexen betreute oder sie zum Scheiterhaufen führte. Da er vielen Hexenprozessen beigewohnt hatte, gab er als Erster gegen die damalige Rechtsauffassung, zu bedenken, dass Folter nicht der Wahrheitsfindung diente. In dem lateinischen Buch Cautio Criminalis sprach sich Spee gegen die Hexenverfolgung aus. Die erste Auflage wurde 1631 heimlich gedruckt und erschien zunächst nur anonym. Diese angeblich so gefährliche Schrift konnte nicht verheimlicht werden und somit drohte ihm die Entlassung aus dem Orden. Friedrich Spee trug damit entscheidend für das Ende des Hexenwahns in Deutschland bei. Der Rat der Stadt Hilchenbach hatte am 25. Mai 2011 die sozialethische Rehabilitation der unschuldig verurteilten und hingerichteten Personen in den Hexenprozessen im Beisein eines Vertreters der Evangelisch-reformierten Kirchengemeinde Hilchenbach beschlossen. Damit wurde zumindest symbolisch ein Zeichen gesetzt, indem die Opfer von damals endlich als unschuldig galten. Der Rat der Stadt Hilchenbach hatte die Ehre der Hingerichteten wieder hergestellt und damit ein Signal gesetzt, welches in die Zukunft zeigt – gegen Ausgrenzung, aber für Solidarität und Toleranz.

Die Pest wütete im oberen Ferndorftal

Die uralte Geißel der Menschheit, die Pest kommt vom lateinischen Wort „pesti'mit der Bedeutung „ansteckende Krankheit – Seuche". Seit der Antike sind Pestepidemien mit verheerendem Ausmaß auch in Europa immer wieder aufgetreten. Am schrecklichsten in den Jahren des „Schwarzen Todes" von 1347 bis 1352, als nach Schätzungen in Europa etwa 25 Millionen Menschen dahingerafft worden sind. Es wird bestimmt auch im oberen Ferndorftal Opfer gegeben haben, worüber es jedoch keine Aufzeichnungen gibt. Aber als gegen Ende des 16. Jahrhunderts, der böse Feind der Menschen, die Pest, ins Ferndorftal einfiel und viele Familien in tiefe Trauer versetzte, haben wir Niedergeschriebenes.

Im August 1597 brach die Pest zuerst in Ernsdorf aus, ohne jedoch großes Unheil anzurichten. Nachdem sie besiegt war, trat sie erneut ein Jahr später im September sehr heftig auf. Ein Fuhrmann namens Krämer aus Dahlbruch brachte sie aus Köln mit. Schrecken erregend schnell breitete sich die Pest innerhalb kurzer Zeit im Kirchspiel Ferndorf aus. So starben nach Angaben des kirchlichen Totenregisters vom 12. Juli bis zum 31. Dezember 1599 im Ferndorfer Kirchspiel 125 Personen an der Pest.

Danach hatte man die Seuche eine Zeitlang einigermaßen im Griff. Aber im Jahre1621 setzte das Sterben durch Pest von neuem ein. Es war so verheerend, dass die Toten nicht mehr alle auf dem Kirchhof, dem Platz um die Kirche, wie es damals üblich war, beigesetzt werden konnten. Man beerdigte sie nun oft in der Nähe des Trauerhauses auf ihrem Eigentum. Die Sterberate war so groß, dass in Dahlbruch die Familien Stahl und Wagner vollständig ausstarben. Bei diesem Massensterben wurden die Todesfälle den Pastoren nicht mehr alle gemeldet, so dass die Eintragungen in die Kirchenbücher unvollständig waren.

Die Seuche blieb im Kirchspiel Ferndorf gegenwärtig mal mehr und mal weniger stark. Besonders schlimm war sie in der kleinen Gemeinde Schweißfurth. Von April bis Dezember 1633 waren 24 Personen und von August bis Ende des Jahres 1634, 42 Menschen an der Seuche verstorben. Anno 1635 starben sogar aus einem Hause fünf Personen. Das Totenbuch der Ferndorfer Kirche verzeichnet im Jahre 1636 alleine 126 an Pest Verstorbene.

Ebenso grauenvoll wütete der Schwarze Tod auch im Hilchenbacher Kirchspiel. Es wurde besonders in den Jahren 1635 und 1636 davon heimgesucht. So starben vom 19. Januar 1635 bis zum 16. Januar 1636 an der Pest 393 Personen. Wie erbarmungslos dieser Tod zuschlug, sollen zwei Beispiele aus Ruckersfeld zeigen: So wurden am 26. Juli 1635 aus einem Hause, dem Friedrichshaus, vier Personen und am 30. August desselben Jahres aus einem anderen Haus, dem Göbelhaus, ebenfalls vier Personen zusammen am gleichen Tage begraben.

Auch der Hilchenbacher Pfarrer Quitter wurde ein Opfer der Seuche und starb am16. Januar 1636. Aus diesem Grund werden wohl auch eine Zeitlang die Eintragungen in dem Sterbebuch von Hilchenbach fehlen. Der Nachfolger in diesem Amt wurde sein Bruder, der drei Kinder durch die Pest verloren hat. Er war der dritte Pfarrer in Hilchenbach mit Namen (Henrich) Quitter. Das lückenhafte Hilchenbacher Sterberegister enthält leider nicht alle Personen, die 1636 an der Pest verstorben sind.

Im Totenbuch war eine Lücke vom 15. Juli bis zum 16. Oktober 1636. Hierbei stand folgendes in deutscher Übersetzung statt des lateinischen Originals,vom Pfarrer Henrich Quitter geschrieben: „Danach habe ich an der schweren Pest Krankheit lange Zeit gelegen, in der die Namen der Verstorbenen nicht aufgezeichnet werden konnten. Auch blieb dieses Register zeitweilig vermisst infolge eines Einfalls und

Bedrückung durch Soldaten (30jähriger Krieg.) In der Zwischenzeit sind viele in Christo entschlafen, deren Namen dieses Buch ebenfalls nicht enthält, weil sie von den Hinterbliebenen dem Pastor nicht angegeben wurden."

Die Bevölkerungszahl im oberen Ferndorftal betrug um 1600 nach groben Schätzungen etwa ein Zehntel von den hier heute lebenden Menschen. Folgende Einwohnerzahlen hatten verschiedene Ortschaften 1563 im oberen Ferndorftal: Ahr 36 (heute für viele Menschen kaum noch einzuordnen), Dahlbruch 36, Ernsdorf 143 (Kreuztal gab es damals noch nicht), Ferndorf 195, Merklinghausen 66 (längst vollkommen verschwunden) und Müsen 152 Personen. Wenn man diese geringe Anzahl von Bewohnern mit den Zahlen der Toten vergleicht, kommt einem erst richtig zu Bewusstsein, wie grauenvoll die Pest hier gewütet hat. Heute rechnet man im Durchschnitt etwa einen Toten pro 100 Einwohner im Jahr.

Nachdem diese schreckliche Seuche sich im Jahre 1636 noch einmal richtig ausgetobt hatte, verschwand sie und kehrte ins obere Ferndorftal glücklicherweise nie wieder zurück

Das verschwundene Dorf Merklinghausen

Heute erinnert nur noch ein Flurname „Merkuse", ein Straßenname sowie eine Haubergsgenossenschaft an die einstige Ortschaft Merklinghausen. Aber auch der Merklinghäuser Wald nördlich von Müsen auf einer Höhe gelegen, erinnert uns an die ehemalige Gemeinde. Es ist erstaunlich, dass eine Siedlung, deren Einwohner zum größten Teil von der Pest, die zwischen 1597 und 1636 im Ferndorftal wütete, weggerafft wurden, heute noch so in Erinnerung ist. Erstmals tauchte der Name Merklinghausen um 1300 im kirchlichen Abgabeverzeichnis an Mainz (bei ungenauer Schreibung) mit Merkelenhusen auf. Mit großer Wahrscheinlichkeit hat es in Merklinghausen Jahrhunderte vorher schon Ansiedlungen gegeben. Da der größte Teil der Bevölkerung damals des Schreibens nicht mächtig war, traten die kleineren Ortschaften oft erst durch einen Zufall wie hier in Erscheinung.

Am 21. August 1345 trat ein „Tylo von Merkilnhusen“ als Zeuge auf dem Ferndorfer Friedhof vor der Kirchengemeinde auf. Im Jahre 1378 verkauften Thyle von Merkelchusen und seine Ehefrau Jutte eine erhebliche Rente von Korn aus ihren Gütern „tzu Merkelchusen“ an das Kloster Keppel. 1397 und 1398 war ein Johann Merkilchusen Pastor in Siegen gewesen. Die Siedlung musste schon älter gewesen sein. Etwa zur gleichen Zeit waren auch die Orte Burgholdinghausen, Fellinghausen, Langenholdinghausen und Unglinghausen entstanden. Alle Ortsnamen enden nämlich auf –inghausen.

Auch dieser Ortsname hatte sich über die Jahrhunderte oft verändert. So schrieb man Neckelenhusen um 1300, Merkilnhusen 1345, Merkelchusen 1378, Merkilchusen 1397, Merckelnkusen 1398 und 1500, Merkelkusen 1417, Merckelkusen 1461, Merkelkuss 1463, Merkelnhausen 1558 und 1563, Merckelkaussen 1562/63 und 1583, Merrkelkhusen 1566 und 1572, Merrkelkhausen 1581, Mercklinghaussen 1599, 1690, 1710 und 1718. Der Name Merklinghausen trat erstmals 1836 in Erscheinung und blieb bestehen.

Von 1417 bis 1419 zahlten drei Höfe aus dem Dorf je 1,5 Malter Korn Zinsen. Es waren „Johann von Merkelkusen“, Wyse Henne“ und „Hennecke uff dem Berghe“. Alle drei Güter waren seinerzeit im gräflichen Besitz. Sie müssen alle etwa gleich groß gewesen sein, denn jedes von ihnen war mit 100 Gulden angesetzt. Die Höfe müssen öfters ihre Besitzer gewechselt haben. So hatten die Herren von Lohe 1429 das Zentrecht. Das heißt ein Zehntel des Ertrages gehörte ihnen.

Den ersten gräflichen Hof verwaltete gegen Ende des 16. Jahrhunderts Johann Meusborn. Er besaß vermutlich in Müsen oder Dahlbruch neun Hüttentage. Reidemeister Obenstruth zu Siegen schuldete er 46 gl, Peter auf'm Hammer im Kölschen 6 gl und Thomas auf Hillnhütten 90 gl. Johann und zwei seiner sieben Kinder waren bereits 1599 an der Pest verstorben. Der zweite Hof wurde von

Neusens bearbeitet und stand finanziell am Besten. Er besaß acht Hüttentage und schuldete Agnesen zu Welschenengsten 135 gl. für 4,5 Wagen Eisen. Kolbs hatten den dritten Hof. Auch sie hatten neben der Hofbewirtschaftung und Kohlenbrennerei mit Eisen zu tun und hatten ähnliche Schulden. Alle drei Höfe waren sehr begütert und zählten damals zu den Wohlhabendsten. Aus diesem Grunde hatten bestimmt auch einige Personen bei ihnen Schulden gehabt, was aber nicht in der Chronik festgehalten war.

Die Höfe müssten dann geteilt worden sein, denn es standen später sechs Familien in den Kirchbüchern. Im Siegerländer Heimatkalender von 1920 wurde von einer alten Akte berichtet, wonach Anno 1563 Merkelnhausen 6 Häuser, 66 Seelen und 97 Stück Rindvieh hatte. Müsen, dass zur damaligen Zeit wegen des Bergbaus ein bedeutendes Dorf war, hatte seinerzeit 152 Einwohner. Aber auch das Nonnenkloster Keppel hatte hier ein mächtiges landwirtschaftliches Gut gehabt. Es wurde von Lorenz Irle, der vom Irlenhof zu Ferndorf stammte, bearbeitet.

Über den Keppelhoff zu Merckelhaußen wurde aus dem Jahre 1621 folgendes berichtet. „Dießes deß Klosters eygen Hoff vnnd Zugehörige güter daselbsten hatt Arnols Johan, Unser zur Zeit Hoffmeister im Brauch vnd Zu Lehen vnderhandt." Vorhanden war eine „Hoffwiese" die am Ende des Wohnhauses lag und die andere Seite an die „Hörlestraße" grenzte. Daneben eine weitere Wiese die „Lanndstraße" genannt wurde. Aber auch die „Keppler Marck", „am Haar Wege", „Wiese in der Breydenbach", „Felt bober dem Hoff" sowie das „Haugstückelgen" , was oben an die Landhecke stieß, werden erwähnt.

Wenn auch auf den Höfen Großfamilien gelebt hatten, so konnten die Arbeiten in Wald und Feld, da sie sehr umfangreich waren, nur mit zusätzlichem Personal erledigt werden. Der Chronist schrieb:„ 1710 hatte das gräfliche Gut Mercklinghaussen folgende Grenze „obig der untersten Müssener hütte biss auf die Asspe – Käpplisch feld – Winterbach herunter – längs dem Winterbacher Kappelisch berg – Merckhauser berg – höhe an dem Breydenberge – alte

Merckhauser fuesspfadt – längst die Käppelisch-Winterbacher berge – Rothe Nolle Müssener Hauberg – oberste Müssener hütt – underste hütte." Nach dieser Abgrenzung dürfte die Gemarkung von Merklinghausen größer gewesen sein als heute allgemein angenommen wird.

Den Kirchenbüchern ist auch zu entnehmen, dass am 3. Januar 1618 ein Kleinkind tot in einem Ameisenhaufen auf dem Wüstenhof in Merklinghausen gefunden worden ist. Die Mörderin, aus dem Wittgenstein stammend, war die Mutter des Kindes. Sie wurde kurz darauf in Siegen gerichtet und ertränkt. Um die vorletzte Jahrhundertwende soll ein Bauer Namens Hein auf dem „Wüste Hoff" (Flurnamen aus Merklinghausen) beim Pflügen einen Topf mit Goldmünzen gefunden haben. Er soll hierdurch ein reicher Mann geworden sein.

Bis Anfang des 17.Jahrhundert gehörte Merklinghausen zum Gericht, Amt und Kirchspiel Ferndorf. Nach den Auswirkungen der nassauischen Erbteilungen kam es ab 1621 zum Amt und Gericht Hilchenbach. 1627 wurde es dem Kirchspiel Müsen zugeschlagen.

Vermutlich sind nach der Pest und Ende des 30jährichen Krieges (1648) die noch wenigen restlichen Bürger von Merklinghausen nach und nach in das wirtschaftlich besser stehende Dorf Müsen abgewandert. In einer Urkunde von 1709 hieß es sinngemäß, Gemarkung Merklinghausen ohne Wüstenhof und ohne Wüstenplätze an Müsener Einwohner für 2 000 Reichstaler verkauft. Mit großer Wahrscheinlichkeit hatten auch die enormen Steuerlasten von den Fürsten und die Frondienste mit den Zugtieren zu dieser Entscheidung beigetragen.

Danach wurde Merklinghausen, wie es der Volksmund seit langem sagt, eine Wüstung. In den 1980er Jahren rückte das Areal von Merklinghausen noch einmal in die Schlagzeilen, denn auf ihm war ein 18 Loch Golfplatz geplant. Wegen Ungereimtheiten und Protesten wurde das Vorhaben hier fallen gelassen. Die herrliche Anlage wurde im Heestal in Kreuztal gebaut und ist sehr beliebt.

Siegerländer prozessten gegen den Fürsten

Im Jahre 1707 trieb es Fürst Friedrich Wilhelm Adolph mit den Frondiensten schlimmer als jeder andere zuvor. Fast jede Woche wurden die Hand- und Pferdefroner gefordert. Besonders wurden sie nach Kammerdirektor Wildtens Bau in Siegen geschickt. Hinzu kamen noch enorme Steuerlasten mit harter Eintreibung. Der Fürst befahl: „Ernst gnädigst allen und jeden Untertanen, samt und sonders, sich äußerst zu bearbeiten und zu befleißen.“

Die Gerichtsknechte verlasen 1708 ein Mandat des Fürsten, wonach Untertanen sich gelüsten lassen, boshafter und strafbarer Weise ihre Pferde zu verkaufen, um ihre schuldigen Dienste und Fronde nicht mehr erfüllen zu brauchen. Ernsthaft wurden die Untertanen ermahnt, ihre Pferde nicht mehr unter irgendeinem Prätext außer Lande zu verkaufen. Es wurde schon offen mit unbekümmertem Herzen über den gnädigen Fürsten gesprochen. Er sollte eigentlich ein Vater über unser Land, dem Siegerlande sein, was er aber bei weitem nicht war. Er erdrückte uns mit den Fronarbeiten und Schatzungen so, dass wir nicht mehr froh werden konnten. Wenn man an früher zurück dachte, kam es einem vor, als ob man einst in einer Schmalzgrube gesessen hätte. Unser Land hatte 6 000 Seelen. Es hatte in diesem Jahr 54 Schatzungen gegeben, wobei 26 380 Rthlr. aufzubringen waren.

Die Belastungen für die Siegerländer Bevölkerung waren ganz schlimm. Am 23. April 1710 taten sich verschiedene Schöffen zusammen und redeten in Siegen mit dem Fürsten über die unmöglichen Belastungen. Sie erklärten der Hoheit, dass die Untertanen die schweren Belastungen von Steuern und Diensten nicht mehr aufbringen könnten. Der Fürst hatte eine Untersuchung dieser Bedrückung zugesagt. Beim Herausgehen hatte der Kammerdirektor Miltenberg die Schöffen zu sich gerufen und ihnen gut zugeredet, sich dafür einzusetzen, dass die Schatzungen gezahlt würden. Es wäre kein Pfennig mehr in des Fürsten Kasse. Aber in wenigen Tagen müssten die Steuern für das Westerwälder Kontingent gezahlt werden oder es rückte ein Kommando zur Exekution an. Am 7.Juni des Jahres reduzierte der Fürst ein wenig seine Forderungen, er hatte eingesehen, dass er seine Untertanen zu viel gebeutelt hatte. Bereits am 16. Juni verkündete er, dass die Verpflegungskosten für die fürstliche Garde auf ¾ reduziert würden.

Die Landesschöffen wollten im Jahre 1711 erneut mit dem Fürsten über die unmöglich aufzubringenden Steuern sprechen. Die Unruhe in der Bevölkerung gegen den Fürsten wurde immer größer. Er hielt sich in Siegen eine Garnison mit zu vielen Soldaten und trug seine großen Schulden ab. Hierfür quetschte er das Volk immer mehr aus. Um bei der Landesregierung als großer und mächtiger Fürst zu gelten, hielt er sich einen viel zu großen Haufen Beamten und die Abgaben wurden hierdurch immer größer.

Da es so nicht weiter gehen konnte, hatten die Untertanen den Mut und dachten über einen Prozess gegen die Herrschaft nach. Der Chronist schrieb am 21. Dezember 1711 folgendes: „Die Gerichtsknechte und die Amtsboten sind seit etlichen Wochen bei der Heraustreibung der herrschaftlichen Gelder so scharf wie nie sonsten. “ Da viele Menschen ihr Zugvieh wegen ungerechter Frondienste abgeschafft hatten, ließ er im ganzen Lande Listen erstellen, welche Untertanen eigentlich Pferde, Maultiere oder Ochsen halten müssten.

Da die Bürde der Untertanen nicht mehr zu ertragen war, kamen die Schöffen im November 1724 zusammen und beratschlagten, was weiter zu tun wäre. Da auf alle Bittschreiben keine Linderung erfolgte, ja es sogar noch erdrückender wurde, hatte man beschlossen, sich an das hohe Reichsgericht zu wenden und gegen die gnädige Herrschaft zu klagen. Die Schöffen hatten am 8. Dezember 1724 im Hause

Stahlschmidt in Freudenberg dem Advokat Dr. Pollmann die Vollmacht gegeben, den Landesprozess für sie zu führen. Pollmann bekam einen Vorschuss von 400 Rthlr. und sollte bald nach Wetzlar aufbrechen.

Am 19. Mai 1725 war der Anwalt Dr. Pollmann mit allen Schöffen des Landes in Müsen. Eine neue Vollmacht wurde aufgesetzt, die im Lande zur Unterschriftensammlung herumgetragen werden sollte. Am 23. Mai hatte man sich in Hünsborn getroffen. Die Deputierten hatten weiche Knie bekommen und wollten ihr Amt niederlegen. Man hatte sie nach langen hin und her wieder ermutigt, die Beschwerden an das hohe Kaiserliche Gericht zu Wetzlar doch vorzubringen. Die Listen der Unterschriften, die für den Landesprozess waren, lagen am 28. Mai vor der Haardt aus. Es hatten bis Datum 174 Untertanen unterzeichnet.

Erbprinz Friedrich Wilhelm erließ am 29. Mai des Jahres eine Deklaration mit folgendem Inhalt: „Mit höchster Befremdung und ernstem Widerwillen hatte er vernehmen müssen, dass sich einige Personen erkühnen, die guten Gemüter im Lande von der schuldigen Treue, ja von der natürlichen Liebe zu ihrem angeborenen Landesfürsten abwendig zu machen. Er bat von der bisherigen Unruhe und dem Prozess abzulassen, damit wieder Ruhe und schuldige Gehorsam einkehre. Die Aufhetzer wurden nochmal treulich verwarnt, von ihren bösen Wegen abzulassen. Sie sollten bedenken, dass sie damit Gottes Strafe und der angeborenen fürstlichen Herrschaft Ungnade auf sich und ihre Nachkommen laden. “ Welch große Worte, um Siegerländer Menschen weiter zu knechten und auszubeuten.

Als die Schöffen 1726 wegen des Prozesses in Wetzlar waren, hatte man ihnen gesagt, sie sollten nach Siegen zu ihrer Herrschaft zurückgehen. Es wäre besser für sie, dem Fürsten treu zu dienen. Schöffe Gieseler von Ferndorf hatte geäußert, dass der Erbprinz sehr aufgeregt gewesen wäre und vom Aufhängen gesprochen hätte. Am 9. März 1728 wurden die Schöffen vor die Kanzlei zitiert, um einen Revers zu unterschreiben, um den Prozess zu Gunsten des Fürsten zu beenden. Da sie erst in den Gemeinden Rücksprache nehmen müssten, hatten sie trotz massiver Drohungen nicht unterzeichnet. Um größeren Druck auf die Schöffen auszuüben, hatte man in ihre Häuser einfach Soldaten einquartiert.

Nach langwierigen Prozessen hatte sich die Herrschaft 1729 endlich bereit erklärt, die Steuern etwas zu senken. Ein Jahr später wurde diese Ermäßigung schon wieder aufgehoben und das Elend ging weiter. Der Druck besonders auf die Prozessschöffen, wozu man auch das Militär benutzte, wurde immer größer. So rückten am 22. Juli 1728 erneut 30 Soldaten in die Häuser von Ernsdorf und Ferndorf ein, um den Untertanen wieder Gehorsamkeit beizubringen. Auch öffentliche Exekutionen, die abschreckend wirken sollten, hatten keinen Rückzieher bei den Untertanen bewirkt. Der langjährige Landesprozess, der keinerlei Lebensverbesserungen für die Bevölkerung des Siegerlandes gebracht hatte, wurde durch Kriegseinwirkungen beendet.

2. So war es damals

Von der Hütte zum Gebrüder-Busch-Theater

Auf einer Rechnung aus dem Jahre 1467 wird der Name Dahlbruch erstmals erwähnt. 1504 wird er auf einer Urkunde erneut aufgeführt und zwar in Verbindung mit einer Hütte „Auf dem Dahlbruch". Dahlbruch hatte zu dieser Zeit längst nicht so eine große Fläche wie heute. Hillnhütten, Schweisfurth und die Winterbach waren noch selbstständige Gemeinden. Weiterhin waren im Westen die Fluren Dahlbrucher Wald, Witschenberg und Müsener Bruch noch Loher Gemarkung. Rothenbach und Ferndorf hatten in ihren Tälern durch den rechtwinkeligen Zulauf ein Sumpfgebiet aufgebaut. Deswegen aber auch aus wirtschaftlichen Gründen hatte man die Hütte an einen Hang gelegt. Im Bereich, wo heute das Gebrüder-Busch-Theater steht, ist die Hütte damals errichtet worden.

Bereits 1480 wird eine Blashütte hier erwähnt. Da man auch oberhalb einen Weg gebaut hatte (heute wegen dieser Hütte Hüttenweg), war es der große Vorteil, dass man Erze und Heizmaterial von oben und unten ausschütten konnte.

Das Erz kam aus den benachbarten Müsener Bergen, wo es reichhaltig gefördert wurde. Die Hüttenfeuer wurden ausschließlich mit Holzkohle beschickt. Sehr früh hatte man im Siegerland erkannt, dass Holzkohle viel mehr Hitze erbrachte als ein Holzfeuer. Bereits vor Christi Geburt, in der La-Tene-Zeit, hat man hier schon Holzkohle in den Windöfen verfeuert und Eisenerz geschmolzen. Man benötigte nämlich große Hitze, um das Erz flüssig zu machen und ihm das Eisen abzuringen.

Für jede Tonne Rohstahleisen, die man produzierte, benötigte man etwa 2,7 t Erz und 1,7 t Holzkohle. Hieraus erklärt sich auch die damals immer wieder anklingende Holzkohlenknappheit und das hierdurch sich ableitende Haubergs Wesen in der Waldwirtschaft des Siegerlandes. Deswegen waren in den vergangenen Jahrhunderten hier auch sehr viele Meiler anzutreffen. Enorme Mengen von Holzkohle waren notwendig. Sie wurden sogar aus dem Wittgensteiner Land ins Ferndorftal zu den einzelnen Hütten und Hämmer gekarrt.

Da aber auch Wasser benötigt wurde, verlängerte man das Flussbett der Winterbach, und zwar bergseitig am Hüttenweg entlang bis zum heutigen Hause Weiß. Das Flussbett wurde zu einem langgezogenen Wehrgraben ausgebaut, der viel Wasser staute. Man benötigte nämlich große Wassermengen, um sie als Antriebsenergie zu nutzen und schickte aus diesem Grunde zum Teil auch noch die Rothenbach in diesen Graben. Da man nun Wasser hatte, wurde neben der Hütte noch eine Schneidemühle gebaut. Die Mühle wurde von einem großen oberschlächtigen Wasserrad angetrieben. Auch die Blasebälge für das Hüttenfeuer wurden durch ein zweites oberschlächtiges Wasserrad von ca. 7 m Durchmesser in Bewegung gesetzt. Durch das große Stauvolumen hatte man auch bei Trockenheit noch Wasser, und somit drehte sich das Mühlrad hier länger und die Blasebälge konnten länger fauchen, wie anderswo in den trockenen Jahreszeiten. Übrigens waren solche Wehrgräben hier oft anzutreffen. Das Wasser wurde dann durch einen Graben, der später zum Teil verrohrt worden ist, zur Rothenbach geleitet. Er öffnete sich wieder etwa in Höhe des Trafohäuschen und lief dann im spitzen Winkel unter die Brücke beim Ärztehaus in die Rothenbach. Er hieß Mühlgraben und war ebenso wie der Wehrgraben bis in die 1950er Jahre noch vorhanden.

Wie überall im Siegerland zu dieser Zeit war auch die Dahlbrucher Hütte, die auch Schmelzhütte genannt wurde, im Besitz von mehreren Personen. Jeder dieser Mitbesitzer war ein Gewerke. Es gab schon strenge Richtlinien. So war unter anderen festgelegt, an wie vielen Tagen jede Siegerländer Hütte ihr Eisenerz verhütten durfte (ähnlich wie Jahrhunderte später in der EG die Quotenregelung für Stahl). Jeder Gewerke verhüttete seinen eigenen Eisenstein mit der eigenen Holzkohle. Der gemeinschaftliche Hochofen wurde ihm hierzu dann für die Zeit, die seinen Anteilen entsprach, überlassen. Dies führte dazu, dass sehr große Lagermöglichkeiten und viele Lagerschuppen vorhanden sein mussten.

All diese Hütten aber auch die Hämmer waren in der Regel mit hohen Eschen Bäumen umgeben. Sie sollten den Funkenflug in die Nachbarschaft verhindern sowie die Rußbelästigung etwas in Grenzen zu halten. Blei, Kupfer und Silber wurden im Siegerland als Nebenmineralien gewonnen. Diese durften im Frühjahr nicht verhüttet werden, um die empfindlichen Blüten vor den schädlichen Abgasen zu schützen, die sie erzeugten. Hieraus kann man schließen, dass Umweltpolitik keine Errungenschaft der Neuzeit ist, zumindest im Siegerland nicht.

Wie oft die Dahlbrucher Hütte verbessert oder erneuert worden ist, kann nicht mehr registriert werden. Aber 1830 fassten die Dahlbrucher Gewerken den Beschluss, eine neue Hütte auf demselben Gelände mit einem 26 Fuß (etwa 7,9 m), hohen Ofen mit Zylindergebläse zu bauen. Da dies schon etwas Fortschrittliches war, gab es Proteste gegen den Neubau, unter anderen auch wegen dem Zylindergebläse, was nur die Dahlbrucher und die Hütte unterm Hain bei Siegen einbauen wollten. So schrieb man :„Das jede Betriebsausdehnung des einen Werkes ein Raub der Rechte des anderen sei, deren ursprüngliche Betriebsrechte durch die Hütten- und Hammerordnung richtig gegeneinander abgewogen sind."

Es blieb dabei auch der neue Ofen hatte nur eine beschränkte Betriebszeit von 90 2/3 Tagen im Jahr. Nach Auflagen und verschiedenen Bedingungen konnte erst 1833 mit dem Bau begonnen werden. Das Gebläse, was doch gebaut wurde, bestand aus drei senkrecht stehenden Windzylindern, die über eine Kurbelwelle in Bewegung gesetzt wurden. Diese wurde von einem oberschlächtigen Wasserrad, was auf einer 700 mm dicken Holzwelle befestigt war, angetrieben. Wenn bei Frost das Aufschlagwasser nicht ausreichte, wurden einige Männer mehr gebraucht. Diese mussten dann von einem Blasebalg auf den anderen springen und hielten somit das Gebläse in Gang. Man hatte Angst, die Dahlbrucher könnten zu große, hervorragende Produktionsmengen auf den Markt bringen – daher auch die Proteste.

Nachdem der Ofen 1835 endlich in Betrieb ging, wurde dem Bergamt Siegen später gemeldet, dass ein ganz vorzügliches, schönes Spiegeleisen mit dünnen Saum erzielt wurde. Der neue Ofen erreichte eine Tagesproduktion von 8.000 Pfund Eisen. Es war das Doppelte, was der alte Ofen geliefert hat. Wie man die Gebläseluft später erhitzte, gab es täglich sogar zehn- bis zwölftausend Pfund Eisen.

1845 wurde angeordnet, dass die Hütte in Dahlbruch den Ofen nicht nur mit Holzkohle betreiben soll, sondern auch mit Holzkohle und Koks gemischt und als drittes nur mit Koks. Die viele Jahrhunderte – ja Zweijahrtausend alte Beschickung der Hüttenfeuer bzw. der verschiedenen Öfen im Siegerland mit Holzkohle ging hiermit langsam zu Ende.

Anno 1855 wurde eine Dampfmaschine in Betrieb genommen. Ein Jahr später wurde die Dahlbrucher Hütte an den neu gegründeten Cöln-Müsener-

Berkwerksaktienverein verkauft und in den 1860er Jahren stillgelegt. Der Aktienverein legte seine neue Produktionsstätte an die inzwischen gebaute Ruhr-Sieg- Eisenbahnstrecke (heute Blefa), wo moderne Hochöfen in Betrieb genommen wurden. Der Zerfall der Dahlbrucher Hütte war hiermit eingeläutet worden. Ein Gebäude nach dem anderen wurde abgerissen. Zuletzt die baufällig gewordene Schneidemühle. Als Ersatz hierfür wurde 1904 von der Gewerkschaft Stahlberg eine neue Schneidemühle mit Turbinenantrieb (im Hause Weiß) errichtet. Die Turbinenanlage wurde mit Wasser aus dem oberhalb liegenden Wehrgraben angetrieben. Der Betrieb ist mit Stilllegung der ruhmreichen Grube Stahlberg, wofür gearbeitet worden ist, 1931 eingestellt worden.

Im Jahre 1909 wurde auf dem Hüttengelände eine Fest- bzw. Turnhalle mit großem Spielplatz errichtet. Ein über 400 Jahre alter Industriestandort wird damit für immer verabschiedet. Die Ära der Wasserräder, die über Jahrhunderte das Bild des Siegerlandes mit geprägt hatten, war zu Ende.

Der alte Wehrgraben erlangte jedoch in den 1920er Jahren eine neue Bedeutung, er speiste nämlich das Dahlbrucher Freibad bis in die 50er Jahre mit Wasser. Das Freibad stand einst auf der Wiese unterhalb der Terrassenhäuser am Hüttenweg. Im Sommer 1956 wurde mit dem Bau der jetzigen Turnhalle begonnen, die am 3. Mai 1958 eingeweiht wurde. Ebenfalls noch im selben Jahr wurde die alte Turnhalle, die viele Zerfallserscheinungen hatte, abgerissen. Sie musste Platz für eine moderne Kulturhalle mit Orchestergraben machen. Sie bekam den Namen Dahlbruch Halle und wurde am 12. Februar 1960 feierlich übergeben. Später wurde der Name in Gebrüder- Busch-Theater geändert. Nach langen Beratungen wurde 1968 mit dem Bau des Hallenbades begonnen. Es war das letzte Bauobjekt der einst reichen und selbstständigen Gemeinde Dahlbruch. Welch eine Entwicklung: Nach über 400 Jahren Siegerländer Industriegeschichte nun ein Jahrhundert Sport- und Kulturstätte.

Dahlbruch und seine drei älteren Töchter

Die älteste urkundlich erwähnte, nach Dahlbruch eingemeindete Ortschaft hieß. Winterbrecht, die heutige Winterbach. Es gesteht nämlich am 21.08.1345 (hierbei wird zum erstenmal der Name Winterbach erwähnt) die Familie Henkin Visil von der Winterbach das bittere Los des ihr gepfändeten Hofes in der Breitenbach. Sie schwören dies auf dem Ferndorfer Kirchfriedhof vor der Kirchengemeinde. Als Zeugewird hierbei ein Tilo von Merklinkusen erwähnt.

Es war offenbar ein Einwohner des im 30-jährigen Krieg (1618 – 1648) ausgestorbenen Ortes Merklinghausen, heute Gemarkung Müsen. Im Schatzregister von 1461 wird ein Hans zu Winterbrecht vermerkt. Weiterhin wird im Jahre 1463 von der „Hermannshütte zu Winterbach" berichtet, dass sie vier Jahre wüst gelegen hat. Erwähnenswert ist noch, dass 1519 sogar wegen einer Hoffrau aus der Winterbach das Freistuhlgericht an der breiten Eiche, auf dem heutigen Dornbruch, getagt hat. Die Frau wurde nach einer Ortsbesichtigung verurteilt, da sie zwischen den Landeshecken, Grenze zwischen Siegerland und Sauerland, Kohlen gebrannt hat.

Anno 1417 wird zum ersten Mal der Name Schweisfurth, der zweite, später nach Dahlbruch eingemeindete Ort urkundlich aufgeführt. Unter den Gräflichen Einkünften, es waren 3 Malter Korn und 7 Malter Hafer, wird der „hoff tzu Schweynsfort"aufgezeichnet. Als im Jahre 1438 Adelheid, die Tochter des Grafen „Johann der 2. von Nassau mit der Haube", in das Kloster Keppel eintritt, bringt sie als Aussteuer den herrschaftlichen Hof zu Schweisfurth mit.

Ja, verschiedene Damen müssen im oberen Ferndorftal schon sehr früh großen Einfluss gehabt haben. Da wurde im Jahre 1580 eine Barbara zur Schweisfurth von der Zunft der Massenbläser in Strafe genommen, weil sie verbotener Weise einige Zeit auf der Blashütte „Zum Lohe" gehütet hatte. Bereits 1577 hatte sie gelobt, sich des Blasens auf dieser herrschaftlichen Hütte gänzlich zu enthalten. Anno 1599 werden zwei Lehnsgüter aufgeführt, die im Besitz der Brüder Johann und Ludwig Schweis sind. Sie haben an einer Furt der damals breiteren Ferndorf gelegen und dadurch den Namen Schweisfurth entstehen lassen. Die Fürsten von Nassau wollten, wie es damals üblich war, den blauen Dunst verbreiten. Sie ließen deswegen im Jahre 1781 auf der Schweisfurth eine Tabakfabrik errichten, deren Bestand aber nicht von langer Dauer gewesen ist.

Die jüngste Tochter von der Gemeinde Dahlbruch, dafür aber wirtschaftlich am bedeutesten, war Hillnhütten, es wird in der ersten Hälfte des 15. Jahrhunderts entstanden sein, als man im Siegerland begann, die Wasserkraft durch Wasserräder zu nutzen. Der Ort hat den Namen von einer Hütte bekommen, die ein Gewerke Hilln hier errichtet hatte. Dieser Familienname ist nämlich 1571 in Müsen vorhanden gewesen. Alles was links der Ferndorf lag, gehörte einst zum Kirchspiel, Nethen und Hillnhütten zählte dazu. Der Netpher Pfarrer hat öfters geklagt, dass die Hillnhütter Bürger ihr bisheriges Gefälle an Hafer, Brot und Hühnern zu zahlen verweigern und alles ihrem Prediger entrichten. Die Geistlichen wussten schon, wo was zu holen war, denn auch ein Eisen- und ein Reckhammer waren hier in Produktion.

Die Ortschaft Dahlbruch, die spätere Mutter der drei vorher erwähnten ehemaligen Dörfer, tritt urkundlich erst später in Erscheinung. In einer alten Siegener Renteirechnung von 1467 wird der Name Dahlbruch erstmals erwähnt. Auch im Jahre 1504 steht der Name auf einer Rechnung und zwar in Verbindung mit einer Blashütte „Auf dem Dahlbruch”. Die Hütte stand einst auf dem Gelände, wo heute Hallenbad und Gebrüder-Busch-Theater sind, und wird erstmals 1480 erwähnt. Drei Höfe am obersten Dahlbruch, die den Ort gegründet haben, waren bestimmt mit Kuxen an der Hütte beteiligt. Durch diese drei Gehöfte „dr Hingern” (StandortHausmeisterwohnung der Hauptschule), „dr Mittelsde” (Augenarzt Stahl) und „dr Neren” (Fritz Weber), wird Dahlbruch auch heute noch im Bereich um die Müsener Strasse von älteren Menschen Dreidorf genannt. Ein altes Aktenstück von

1563 gibt für Dahlbruch eine Einwohnerzahl von 36 Seelen an. Es waren 3 Wohnhäuser vorhanden und 63 Stück Rindvieh wurden gehalten. Die älteste Urkunde über eine Fläche der ehemaligen Gemeinde Dahlbruch ist laut Siegener Urkundenbuch von Dr. F. Phillippi am 08.03.1319 datiert. Graf Heinrich von Nassau tauscht hierbei mit dem Kloster Keppel ein Gut in der Breitenbach gegen die Kirche zu Wehbach in der Nähe von Lützel aus (heute Wehbachtal.) Hierbei werden auch Felder in der Heerlebach (heute Hörbach) benannt. Wahrscheinlich bestand Dahlbruch zu dieser Zeit noch.

Die Ortschaften des Ferndorftales, so auch die Dahlbrucher, standen jahrhundertelang in wirtschaftlicher Abhängigkeit vom früheren Nonnenkloster Keppel, dem heutigen Stift. Es wurde anno 1239 erstmals erwähnt und erlangte im Laufe der Zeit durch Stiftungen und Schenkungen der Landesfürsten und des einheimischen Adels einen sehr bedeutenden Grundbesitz. Zum größten Teil waren die Güter an Bauernfamilien in Erblehnspacht vergeben. Die Pachtbedingungen beruhten einst nur auf mündliche Vereinbarungen. Erstmals wurde am 23. August 1759 ein schriftlicher Vertrag mit allen Lehnshofleuten, der die beidseitigen Bedingungen festlegte, abgeschlossen.

Aus Dahlbruch unterzeichneten damals vier Männer den Vertrag und waren somit Erblehnsträger. Aber auch zwei Frauen schlossen solch einen Vertrag ab. Da sie des Schreibens unerfahren waren, hat ein Nachbar für sie unterzeichnet.

Die preußische Regierung verabschiedete am 02.03.1850 das Rentenbankgesetz. Dies sah unter anderen vor, dass Erblehnsträger durch eine einmalige Abfindungssumme die Besitzergreifung der bewirtschaften Erblehnsgüter ermöglichte. Die dafür zu zahlende Summe war der achtzehnfache Betrag der jährlichen Abgaben. Dieser Gesetzesweg hat es in der zweiten Hälfte des 19. Jahrhunderts ermöglicht, dass alle Lehnsgüter von der Gemarkung Dahlbruch in den Besitz der auf ihnen wohnenden Familien übergingen.

Die Blashütten, die einen großen Fortschritt in der Eisenverarbeitung brachten, waren hier zahlreich vorhanden. Sie haben die Entwicklung des Ferndorftales damals entscheidend mit geprägt. So trägt heute noch ein Dahlbrucher Haubergsschlag die Bezeichnung Hüttebruch. Bereits vor den Hütten haben hier viele Rennöfen gestanden und Erz geschmolzen. So sind die Dahlbrucher Landwirte bei der Bearbeitung von Wiesen, Felder und Hauberge immer wieder auf Schlacke gestoßen, deren großer Eisengehalt die primitive Art der früheren Verhüttung bewies. Diese sogenannte Siegerländer Haubergsschlacke ist im ersten Weltkrieg, aber auch davor und danach begehrt gewesen und wurde wieder eingeschmolzen.

Winterbach, Schweisfurth und Dahlbruch gehörte ebenso wie Müsen früher zur Kirchengemeinde Ferndorf. Nach hier musste auch das Pfarrgefälle gezahlt werden. Müsen wurde zwar 1627 selbstständige Kirchengemeinde und die obigen Ortschaften wurden eingepfarrt. Die Abgaben zur Ferndorfer Kirche, die aus Naturalien bestanden, mussten aber zum Teil noch weit über zwei Jahrhunderte weiter beglichen werden. Erst in den 1870er Jahren ist die sogenannte Pfarrabgabe nach Ferndorf durch eine einmalige Zahlung einer Geldsumme endgültig abgegolten.

Wenn über die Entwicklung von Dahlbruch gesprochen wird, darf der Reckhammer „Unter dem Dahlbruch", der am 25. Mai 1769 genehmigt wurde, nicht unerwähnt bleiben. Aus diesem Hammer ist im Jahre 1834 die Dahlbrucher Eisengießerei der Gebrüder Klein entstanden. Hieraus hat sich eine weltweit bedeutende Maschinenfabrik entwickelt, die heutige SMS-Demag AG. Mit der Firma Gebrüder Klein wuchs auch die Ortschaft, wurde mächtiger und bedeutender, als seine späteren Töchter. Die Gemeinde Dahlbruch zählte vor der Eingemeindung nach Hilchenbach im Jahre 1969 zu den reichsten und wirtschaftlich bedeutensten Orten des Siegerlandes.

In Dahlbruch wurde die Wasserkraft oft genutzt

Die Wasserräder gehörten Jahrhunderte lang zum Landschaftsbild des Siegerlandes und waren mit Abstand der größte Energiespender. Wir hatten im Altkreis Siegen über 500 Wasserkraftanlagen. Durch den schnellen Fortschritt wurden sie nach und nach stillgelegt und durch moderne Technik ersetzt. Seit einigen Jahren ist ein gewisses Umdenken auch bei uns im Siegerland eingetreten, denn man achtet wieder mehr altes Brauchtum und Traditionen.

Da das Siegerland sehr wasserreich war und von vielen Flüssen und Flüsslein durchzogen, waren die Wasserräder überall und trieben die verschiedenen Mühlen und Hämmer an. Vermutlich um die Jahrtausendwende gab es im Siegerland die ersten Wassermühlen. Belegen kann man sie erst seit dem 13. Jahrhundert. 1270 wurde erstmals die Mühle von Hof Heistern erwähnt und Anno 1292 die Mühle von Stift Keppel. Die Wasserräder haben sich zuerst für die Mühlen, die für den Lebensunterhalt sorgten, gedreht und später dann für die Hämmer. In den meisten Fällen staute man das Wasser noch davor in sehr langen Mühlengräben, damit man bei Trockenheit auch noch Wasser hatte. Aber auch sehr viele Teiche wurden als Wasserspeicher angelegt. Aus dieser Zeit stammt auch der Siegerländer Spruch: „Haben wir Wasser, trinken wir Wein. Haben wir kein Wasser ,bleiben wir de heim“

Dahlbruch hatte einige Wasserkraftwerke, die durch die Bachläufe Ferndorf, Rothenbach, Winterbach und Hörbach angetrieben wurden. An der Winterbach wollte August Wurmbach 1836 eine Mühle bauen. Er traf auf große Schwierigkeiten, denn sein Unterlieger Braun wollte auch eine bauen und hatte den Antrag dafür schon Monate früher gestellt. Der Antrag wurde mit der Begründung genehmigt, da die eingegangene Müsener Mühle zwei Mahlgänge hatte und die von Wurmbach und Braun je nur einen. Eine Knochenmühle kam 1838 noch hinzu. Nachdem ein Lohlager 1864 angelegt worden war, kam 1865 noch eine Lohmühle hinzu. 1907 wurde das Lohlager in eine Schweinezüchterei umgebaut. Die Mühle wurde bis 1932 kommerziell betrieben und 1960 abgerissen.

Johannes Henrich Braun hatte auch Schwierigkeiten, die Genehmigung seiner Mühle zu bekommen, da ein obenliegender Grundstücksbesitzer und die Wieseninteressenten unter ihm sowie die Müsener Stahlhütte Einspruch erhoben. Erst 1841 bekam er vom Ministerium des Inneren, als letzte Instanz, die Genehmigung. Die Grabenanlage wurde erst 1845 fertig gestellt. Braun starb in jener Zeit und die Fertigstellung des Baues war erst 1848 vollendet. Da die Ausführung nicht korrekt war, konnte durch Einspruch von Wurmbach die Anlage nicht in Betrieb genommen werden. Brauns Schwiegersohn, der Wiesen Besitzer war, sah die Anlage als unsinnig an. Aus den Unterlagen war nicht zu erkennen, ob die Mühle je in Betrieb gegangen war. Anzumerken ist, dass die Winterbacher Bauern leider noch nie an einem Strang gezogen haben.

Das Flussbett des Winterbaches verlängerte man seinerzeit entlang des heutigen Hüttenweges, auf der Bergseite, bis zum Hause Weiß. Hier baute man eine Sägemühle, deren oberschlächtiges Wasserrad von dem Winterbach angetrieben wurde. Sie musste damals der Grube Stahlberg in Müsen gehört haben. Als 1905 das Wasserrad durch eine Turbine im heutigen Hause Weiß ersetzt wurde, war sie im Besitz des Cöln-Müsener-Aktienvereins. Mit Stilllegung der Grube Stahlberg am 31. März 1931 wurde auch der Sägebetrieb eingestellt.

Bereits 1480 wurde eine Blashütte auf dem Dahlbruch erwähnt. Sie stand am Mühlengraben vor der Sägemühle, wo etwa heute das Gebrüder-Busch-Theater und das Haus Weiß ist. Die Blasebälge für das Hüttenfeuer wurden durch ein oberschlächtiges Wasserrad von 7m Durchmesser in Bewegung gesetzt. Aus der Blashütte wurde später eine Stahlhütte. Sie war 1648 mit der Loher Hütte die größte Hütte im Müsener Revier und hatte 55 Hüttentage. 1830 wurde ein neuer 26 Fuß hoher Ofen gebaut, der 90 2/3 Tage Betriebszeit im Jahr hatte. Anno 1855 wurde eine Dampfmaschine in Betrieb genommen. Ein Jahr später ging die Hütte in den Besitz des Cöln-Müsener-Aktienverein. In den 1860er Jahren wurde die Hütte stillgelegt. Der Aktienverein legte eine neue moderne Produktionsstätte an, die inzwischen erbaute Ruhr-Sieg-Strecke nach Kreuztal (heute Bleva).

Dann gab es noch die Winterbacher Hütte. Sie soll, bevor der Winterbach in den Rothenbach geflossen war, gestanden haben. Erstmals wurde sie 1836 erwähnt und nutzte das Wasser der Rothenbach. Ab 1845 wurde auch das Gefälle des Winterbaches benötigt. Sie stellte 1908 den Betrieb ein und war die letzte Hütte im Müsener Bezirk. In unmittelbarer Nähe soll bereits 1403 die Hermannshütte zu Winterbach gestanden haben, die lange Zeit wüst gelegen hatte.

Die Gerberei Sapp in Hillnhütten war der einzige Betrieb im heutigen Dahlbruch, der das Wasser aus der Hörbach nutzte. Er stand da, wo heute der Lidl in Dahlbruch ist. Sie war von 1876 bis 1914 in Betrieb und war mit einer Lohmühle ausgestattet. Von der Ferndorf wurde die Gerberei Klein in Hillnhütten bestückt. Sie soll auch eine Lohmühle gehabt haben und bereits 1884 Dampfkraft bekommen haben. Sie gehörte August Klein, dem Miteigentümer der Gebr. Klein Dahlbruch. Dann gab es auch noch in Hillnhütten die Gerberei Loos. Mit großer Wahrscheinlichkeit war ihre Lohmühle von einem Wasserrad, welches mit Ferndorfwasser angetrieben wurde, in Bewegung gesetzt worden.

Mindestens seit dem 17. Jahrhundert gab es auch einen Eisenhammer in Hillnhütten. In einen Stahlhammer wurde er 1823 umgebaut. Er wechselte oft den Besitzer. 1847 gehörte er L. Setz und Co., nach Schleifenbaum & Co. zu Weidenau kam er in den 1860er Jahren. Er wurde dann von Vorländer & Comp. gekauft und aus Konkurrenzgründen 1870 stillgelegt.

Beide Hämmer wurden mit einem oberschlächtigen Wasserrad angetrieben. In der zweiten Hälfte des 18. Jahrhunderts haben Gieselers in Hillnhütten an der Ferndorf einen Reckhammer gebaut. Der Betrieb hatte drei oberschlächtige Wasserräder. Demnach hatte der Betrieb mehrere Hämmer. J. G. Gieseler ließ die Hämmer 1842 zu Gunsten einer Loh- und Fruchtmühle umbauen. Beide Mühlen wurden durch ein Wasserrad angetrieben. Aufgrund des erhöhten Wasserverbrauches bekam er wegen der Wiesen Entwässerung mit dem Stift Keppel Schwierigkeiten. Über sechs Jahre hatten diese Auseinandersetzungen gedauert.

Die Gebr. Böcking und J.G. Gieseler bauten 1831 an demselben oben aufgeführten Graben, westlich des Hammers, noch eine Lohmühle mit Gerberei. Im Jahre 1842 war diese Anlage wohl nur noch im Besitz der Böckings, da sie bei der Umwandlung des Hammers durch Gieseler protestierten. Erwähnenswert ist noch, dass diese Lohmühle die einzige Wasserkraftanlage in Dahlbruch war, die durch ein unterschlächtiges Wasserrad angetrieben wurde.

In dem kleinen Hillnhütten, welches 1861 nur 55 Einwohner hatte, waren vier Gerbereien, fünf Lohmühlen, eine Fruchtmühle und drei Hämmer. Hierdurch zählte Hillnhütten einst zu den reichsten Gemeinden des Siegerlandes. Da es keinen Wald besaß, musste für die Gerbereien alles eingekauft werden. So kamen die Felle zum Gerben im gesalzenen Zustand aus Amerika. Die Felle wurden über Händler von Antwerpen aus vertrieben und kamen nach Hillnhütten.

Im Jahre 1769 wurde in Dahlbruch noch ein Reckhammer errichtet. Er stand etwa gegenüber dem Dahlbrucher Hof auf der anderen Straßenseite und wurde durch ein oberschlächtiges Wasserrad in Bewegung gesetzt. 1834 wurde der Hammer von den Gebr. Klein in eine Eisengießerei umgebaut. Auch hier waren noch zwei Wasserräder viele Jahre in Betrieb und wurden später durch Turbinen ersetzt. Keiner der weit über 500 Wasserantriebe im Siegerland hatte solch eine unglaubliche Entwicklung gemacht wie das Dahlbrucher Reckhämmerlein. Als die Familie Weiss das Unternehmen 1927 erwarb, waren die Gebr. Klein Dahlbruch auf dem Gebiet des Walzwerkbaues schon in der Welt bekannt. Die rasante Entwicklung wurde noch weiter ausgebaut. Heute heißt die Firma SMS Siemag AG und ist Weltmarktführer bei Planung und Bau von Hütten- und Walzwerken.

Das letzte Meckertier von Dahlbruch

Das Meckervolk, die Ziegen, waren seinerzeit im Siegerland, aber auch in vielen anderen ländlichen Gegenden, von großer volkswirtschaftlicher Bedeutung. Sie waren einst die Kühe des kleinen Mannes, haben manche Not gelindert und waren in den schlechten Zeiten oft eine Bereicherung für den Speisezettel. Neben der Milch lieferten sie auch noch Dünger in Form von Stallmist für die kleine Landwirtschaft, die jeder dabei hatte. Die Milch war sehr fetthaltig. Wer zwei oder drei solcher Bergmannskühe besaß, hatte wöchentlich gut ein Pfund Butter, besonders, wenn sie gelammt hatten. In die Zentrifuge, die man von Hand drehte, wurde die Milch entrahmt. Danach kam der Rahm in ein kleines Holzbutterfaß, worin er solange gekirnt wurde, bis Butter vorhanden war. Auch viele Kleinkinder sind in den Notzeiten mit Ziegenmilch großgezogen worden.

Bereits 1912 gab es im Siegerland 12.389 Ziegen. Überwiegend wurden die weißen hornlosen Saanenziegen gezüchtet. Es waren leistungsfähige Milchtiere. Die Ziegenhaltung wurde schon damals von „Amts wegen" gefördert, da ihre Milch einen Beitrag zur Volksernährung und somit zur Volksgesundheit leistete. So hieß es 1912, dass die Kreisverwaltung, industrielle Werke und landwirtschaftliche Verbände erhebliche Zuschüsse zur Förderung der Ziegenzucht aufbringen.

Was für große Bedeutung die Meckerlieschen einst bei uns im Siegerland hatten, geht aus folgendem hervor. Als 1936/37 in Dahlbruch die untere Hörbach bebaut wurde, kostete die Rute Land 0,50 Mark. Weil diese Häuser als landwirtschaftliche Nebenerwerbssiedlungen geplant waren, wurde allen Siedlern eine Ziege und sechs Hühner von der Gemeinde unentgeltlich zur Verfügung gestellt. Wenn die Not am größten war, erlebte die Ziegenhaltung immer einen Aufschwung.

So war es auch in den Hungerjahren nach Kriegsende von 1945 bis zur Währungsreform im Jahre 1948. In diesen Jahren wurde jeweils Anfang des Jahres im Siegerland Tausende Ziegenlämmer geboren. Sie konnten nicht alle großgezogen werden und bescherten so zu Ostern manche Gaumenfreude. Bei diesen vielen Lämmern mussten natürlich auch genug männliche Repräsentanten vorhanden sein. Ja, so hatte jeder Ort seine eigenen Ziegenböcke. Da für die Artenerhaltung diese männlichen Vertreter unumgänglich waren, unterstützte jede Gemeinde diese Haltung mit einem finanziellen Beitrag.

Auch Dahlbruch hatte einmal zwei Bockstationen für Bergmannskühe. Um diese Stationen in den einzelnen Orten ausfindig zu machen, brauchte man keine Ortskenntnisse, sondern man konnte sich auf die Nase verlassen, denn sie erzeugten einen penetranten Geruch. Wenn die Muttertiere dann im Herbst so weit waren, wurden sie zum Bock geleitet. Manch störrisches Tier, was nicht laufen konnte bzw. wollte, wurde sogar mit dem Handwagen zur Station gefahren.

Da es ab Mitte der 50er Jahre allgemein wieder aufwärts ging, schrumpfte die Zahl der Dahlbrucher Ziegen, proportional umgekehrt zu den wachsenden Steuerkraftzahlen der Gemeinde, erheblich zusammen. So kam es auch, dass die ohne Zweifel leistungsstarken Ziegenböcke von Dahlbruch auf der Strecke blieben.

Dagegen hielten sich im Nachbarort im traditionsbewussten Müsen die Mecker-tiere länger und somit auch die Hibbebockstation. In echter kommunalpolitischer Zusammenarbeit der Gemeindeväter von Dahlbruch bekam die Müsener Bockstation nun jährlich 600 DM Zuschuss, um die Dahlbrucher Ziegen zu versorgen.

Mit dem Wirtschaftswunder ging die Ziegenhaltung weiter zurück. So kam es auch, dass in Dahlbruch nur noch ein Exemplar dieser sympathischen Gattung übrig blieb. Es war die Ziege „Lieschen" aus der Waldstraße, die von Frau Else Setzer gehegt, gepflegt, gemolken und gefüttert wurde. Sie war eine wirkliche Edelziege, denn die Gemeinde Dahlbruch erstattete alleine für ihr seelisches Wohlbefinden ein wahrlich fürstliches Honorar von jährlich 600 DM. So ist es auch nicht verwunderlich, dass die Müsener beim Herannahen der edlen Bergmannskuh „Lieschen" immer den roten Teppich ausrollten. Im Haushaltsplan der Gemeinde Dahlbruch war 1965 wieder die Luxussteuer für Ziegen angegeben. Sie hatte aber nur noch symbolischen Charakter, denn nach Weihnachten 1964 war das edle Ziegenleben von Lieschen beendet. Wahr es wirklich das letzte Meckertier von Dahlbruch?

3. Das alte Bergmannsdorf

Der erste Schulmeister im Kirchspiel Müsen

Man schrieb das Jahr 1627 und Müsen wurde mit den Höfen von Dahlbruch, Schweisfurth, Winterbach und Merklinghausen von Ferndorf ausgepfarrt und eigene Kirchengemeinde. Dagegen blieb Hillnhütten noch bis 1859 im Kirchspiel Netphen. Es war mitten im 30jährigen Krieg. Auch die Pest wütete in dieser Zeit im Ferndorftal und forderte sehr sehr viele Opfer. Die Zahl der Toten war so groß, dass man sie nicht mehr alle auf den Kirchfriedhöfen beigesetzt brachte. Man genehmigte die Beisetzung auf den eigenen Hausgrundstücken, falls diese groß genug und dazu geeignet waren. Wahrscheinlich war dies mit ein Grund dafür, dass Müsen ein Kirchspiel wurde und einen eigenen Friedhof um die Kirche, die seinerzeit noch eine Kapelle war, bekam. Der neue Kirchensprengel war nicht groß.

Es war weiterhin bekannt, dass Müsen seit uralten Zeiten viele Schätze in den Bergen, aber nur geringen Wohlstand in den Häusern hatte. Das Einkommen des ersten Pfarrers mit Namen Matthias Heuser war nicht groß und bestand fast nur aus Naturalien. Trotzdem konnte man in dieser armen Zeit nicht noch einen Schulmeister zusätzlich entlohnen. So musste also der Pastor auch den Dienst des Lehrers übernehmen. Es war die sogenannte Kirchspielschule, die seinerzeit nicht ungewöhnlich war. Die Grenzen des Pfarrbezirks waren damals auch die Schulbezirksgrenzen. Um 1750 trennten sich Dahlbruch und die Schweisfurth von Müsen und bildeten den neuen Schulbezirk Dahlbruch. Schule wurde zunächst, da es noch kein Schulgebäude gab, im Hause Stephan in der Hochstraße gehalten. Im Jahre 1824 trat Hillnhütten und 1892 auch die Winterbach, auf eigenen Wunsch, diesem Bezirk bei, und Dahlbruch hatte somit 68 Schulkinder. Der vierte Müsener Pfarrer Hermann Hambloch hatte von 1659 bis im Jahre 1680 das Kirchen- und Schulamt in Müsen treu verwaltet. Die Einwohner und auch die Schülerzahl hatten sich in dieser Zeit vermehrt, nach dem die Lücken von den Kriegs- und Pestjahren wieder geschlossen waren. Der Seelenhirte konnte die Kinder nicht mehr alle betreuen und musste unbedingt entlastet werden. Viele Verhandlungen über die Anstellung eines Schulmeisters hatten endlich Erfolg.

Am 26. Oktober 1680, es war ein trüber Spätsommertag, machten sich einige Müsener Bürger schon in der Frühe auf den Weg, denn sie wollten noch vor Mittag Siegen erreichen. In Begleitung von Pfarrer Hambloch, Tillmann Irlen und Johannes Klein war der als neuer Schulmeister ausgesuchte Jugendliche Martinus Dörr aus „Lidphen“. Es ist anzunehmen, dass die Männer den altern Hohlweg durch den Wald an der Grube Brüche vorbei nach Aherhammer und dann nach Aherberg an Bottenbach vorüber nach Siegen wanderten. In Siegen gab man sich gleich auf die Pfarre zum geistlichen Inspektor Casparus Eberhardi. Nachdem man die Angelegenheiten nochmals besprochen hatte, wurden die Vereinbarungen und Aufgaben, die vom Inspektor aufgesetzt waren, von allen unterschrieben. Nachdem man sich im nahen Gasthaus gestärkt hatte, begab man sich wieder auf Heimweg, denn sie wollten noch bei Tageslicht ihr fernes Heimatdörfchen erreichen.

Müsen hatte nun endlich einen Schulmeister, nicht Schuldiener, diese Bezeichnung kam erst später. Wer war dieser Martinus Dörr? Er stammte aus Littfeld und der Krombacher Pfarrer schrieb bei der Geburtseintragung folgendes: Seite 211 „Anno 1661. Litvfe. Anno Esto Mihi Den 24 Februarij friederich Door Margreht eheleut, ein Junge Sohn Zu he Tauff bringe Und tauffen lassen. Zu ge Vatter ersucht, Marti Curts daß Kind – Marti.“ Martinus war also 19 Jahre, als er Schulmeister von Müsen wurde. Er war das vierte Kind der Eheleute Dörr, die später noch vier Kinder taufen ließen. Man war nicht so schreibgewandt wie heute und die Pfarrer von Müsen schrieben bei späteren Aufzeichnungen mal Dör, Törr, Thür oder Dörre. Bei der Verhandlung am 26.10.1680 schrieb der Inspektor deutlich Dörr. Martinus unterschrieb mit Dorr. Bestimmt war er so erregt und hatte die ö Strichelchen vergessen.

In seiner Jugend war Martinus öfters in Müsen und hier zu jener Zeit kein Unbekannter. Denn der Verkehr zwischen Müsen und Littfeld war seinerzeit viel größer wie heute. Vielleicht war er auch nach seiner Schulzeit bei dem Pfarrer in der Schule als Gehilfe tätig. Die Aufgaben vom Schulmeister waren in der Anstellungsurkunde klar vorgegeben. Wo es heißt: „ deßen aber soll er die Schul vom Michaelis an biß uff Walpurg halten, auch im Sommer neben dem Sonntags-Vorgesang des dienstags und freytags seine schul halten. die Kinder nicht allein im lesen und schreiben, sondern auch fürnemlich im beten, in ihrem katechismo und allen guten Sitten gebührlich und gründlich zu unterweisen "

Die wesentlichen Unterrichtsfächer waren also Religion, Lesen, Schreiben, Rechnen und Erziehung in guten Sitten. Auch die Besoldung war in der Urkunde aufgelistet. In gekürzter Fassung einige Punkte: „ 5. Die Harbergarbe von Jedem hause wegen des Leutens soll dem Schulmeister bleiben. 6. Von Jedem Kinde, das zur Schul geschickt wird, soll der Schulmeister, Jährlichs ein gülden zu gewarten haben. 7. Von jedem Kinde, so getauft wird, soll der Schulmeister, wie herkommens, zwei albus haben. deßgleichen von Jeder Leich fünf albus, samt dem Leichgelach. 8. Vom armensäcklein umbzutragen soll der Schulmeister haben Jährlich einen gulden: deßgleichen vom glockendienst, wie auch von abschreibung der Kirchenrechnungen. 9. Jedes Kind von den höfen hat bißher dem Schulmeister eine Karre holz gebracht. 10. Von Jedem hauß Jährlichs ein Leib brods und zwar welches ungefehr zehen pfund schwer sey "

Das Brennholz hatten also die Dahlbrucher und Schweisfurther, die Höüwener, wie man sie damals nannte, zu liefern. Über Güte und Größe der Lieferungen war man immer unterschiedlicher Meinung. Martinus hat sich nie beschwert, wie viele andere aus seinem Stand. Der Wandeltisch, Beköstigung im Reihenumgang in den einzelnen Häusern war also in Müsen seinerzeit nicht üblich. Die Besoldung war bei Einhaltung der Verträge schon ausreichend. Und so konnte er eine Familie, die er später gründete, recht und schlecht ernähren. Im Sommer hatte Dörr vier Tage in der Woche schulfrei und ging seinem Handwerk nach. Vielleicht hatte er das Schneiderhandwerk erlernt. Sein Amt verrichtete er treu und gewissenhaft und war dem Pfarrer eine gute Hilfe beim Vorgesang in den Gottesdiensten. Es gab somit in Müsen damals noch keine Orgel. Auch das Einsammeln von Gaben „armensäcklein umbzutragen“ vollzog er. Martinus hatte, wie in der Verhandlungsurkunde aufgezeichnet, auch das Amt des Küsters und Glöckners inne. Die Schulmeister waren zu dieser Zeit keine angesehenen Personen, da sie die Kinder von der Arbeit abhielten. Martinus hatte sich aber in wenigen Jahren Achtung erworben und war beliebt.

So konnte er ohne Ablehnung, um die Hand der Jungfrau bei der angesehenen Familie Grähe aus Müsen anhalten. 1684 ehelichte der Schulmeister Margrethe Jost von Müsen. Das Kirchbuch sagt uns folgendes darüber: (182) „Anno 1684 Den 13 et 15 Sontag nach Trinitatis sind proclamirt Martin Dör Friedrich Dör von Litphen Ehl Sohn Und Margoretha grähe Jost grähe Von Müßen Ehl Dochter Und den 6 october copolirt worden.“ Als Anno 1693 die Eheleute Dörr ihr viertes Kind Taufen ließen, wurde von der damals üblichen Regel abgewichen, denn es bekam nicht den Namen der Taufpatin. Man gab ihr den Namen Anna Maria, den bereits ihr erstes Kind hatte. Das Totenbuch der Kirche gibt uns keine Auskunft, ob es in der Zwischenzeit verstorben war. Es war damals üblich mehreren Kindern in der Familie den gleichen Vornamen zu geben. Im Jahre 1700 wurde ihnen das 6. Kind geschenkt. Es hieß Johannes Dörr und darf einer besonderen Würdigung. Er war von 1719 bis 1750 auch Schulmeister von Müsen und hatte, wie sein Vater ,acht Kinder.Sein ältester Sohn starb 1750 als Schuldiener von Plettenberg.

Einen besonderen Tag erlebte Martinus und die Gemeinde Müsen 1686, denn das neue Schulhaus, welches in Kirchennähe war, wurde bezogen. Es hatte nur einen Raum, der mit drei Tischen und drei Bänken für die damals 36 Kinder bestückt war. Da es noch keine Schulpflicht gab, gingen die Kinder längst nicht alle in die Schule.

Im April 1688 zog Pastor Hambloch nach fast 30-jähriger Seelsorgertätigkeit über den Berg nach Krombach. Es war ein bitterer Abschied nach so langer Verbundenheit. Im Alter von 42 Jahren im Jahre 1703 ließ Martinus sein 7. Kind taufen. Im Taufregister der Kirche wird er nicht mehr als Schulmeister erwähnt. Die Gründe, die Martinus veranlassten das Schulamt aufzugeben, sind uns verborgen.

Anzumerken ist, dass in diesem Jahr auch der sechste Müsener Pfarrer, Johann Hermann Lüdger, nach vierzehnjähriger Tätigkeit seinen Dienst beendet und von Müsen wegzieht. Dies hat vielleicht den Rückzug aus seinem Amt beeinflusst. Lüdger war mit Martinus so befreundet, dass er von einem Sohn die Patenschaft übernommen hatte. Nachfolger von Schulmeister Dörr wird 1703 Johann Jacob Bensberger, der zugleich auch hochfürstlicher Schichtmeister der Grube Wildermann war. Johann Jacob ist Schuldiener und verwaltet das Amt bis 1719, um es danach an Johannes Dörr, den Sohn von Martinus, abzutreten. Martinus wurde nun Kirchenältester und ging seinem Beruf und der Landwirtschaft nach.

Anno 1708 stirbt sein 8. Kind, der Sohn Johann Friedrich kurz nach der Taufe. 1716, nach 32jähriger Ehe musste er von seiner Frau Abschied nehmen. Es war eine Erlösung vom langen Siechtum. Anno 1718 heiratete Martinus die Witwe Christina Johann Vetters. Im Jahre 1719 starb sein ältester Sohn Johann Just im alter von 29 Jahren. Im Jahre 1722 kam die letzte Stunde für Martinus. Das Totenbuch der Kirche sagt uns folgendes darüber: (I 228) 1722: „d. 24t Maij starb der Wohl Ehrsame Martins Dörr als Kirchen Eltester, ein ehrbarer Und friedliebender nachbar. Und Ward d. 26t Maij begraben. Atat 60.“ (Richtig ist 61 Jahre).

Damit wollen auch wir Abschied von einem liebenswerten Menschen nehmen, dem ersten Lehrer vom Kirchspiel Müsen. Wo sind die vielen Menschen, die mit Martinus lebten, litten und stritten nur geblieben? Sie ruhen meist im Schatten der ehrwürdigen Müsener Kirche, dem so viele Menschenleiber anvertraut sind.

Von Sagen und Legenden umwoben

Wer von den Siegerländern kennt den Kindelsberg , mit seinen beiden Wahrzeichen nicht? Es ist der hochragende steinerne Aussichtsturm, von dem man bei klarem Wetter Burgen am Rhein sehen kann, und die neben diesem stehende Kaiserlinde. Bereits vor 4,000 Jahren haben Jäger die Urwälder vom Kindelsberg durchstreift

und nach Beute gesucht. Es waren nomadisierende Hirten- und Jägervölker, die ihre Spuren hinterließen und später hier auch ihre Vieherden geweidet haben. Etwa 600 Jahre vor Menschwerdung des Herrn, also in der ältesten Eisenzeit, kamen die Kelten aus Südfrankreich und wurden u. a. an den Ausläufern vom Kindelsberg sesshaft. Sie ernährten sich von der Viehzucht, dem Ackerbau und der Jagd.

Zu dieser Zeit haben sie aber auch an den Berghängen den zutage tretenden Eisenstein entdeckt und versucht, ihn zu verarbeiten. Es wird bestimmt der Grund gewesen sein, warum sie gerade hier ihr Domizil aufschlugen. Wahrscheinlich 500 bis 400 vor Christi Geburt baute man auf dem Gipfel vom Kindelsberg eine Wallburg mit einem Durchmesser von 95 Schritten. Ihr Umfang betrug einige hundert Schritte und sie gehörte zu den sieben Fliehburgen, die im Siegerland gebaut worden sind. Vermutlich um 200 vor der neuen Zeitrechnung kamen aus dem Osten die Germanen nach hier und vertrieben die Kelten bis weit über den Rhein.

Immer war der Kindelsberg etwas Besonderes. So ist es auch nicht verwunderlich, dass die Germanen, um ihren mächtigen Gott Wodan zu ehren, diesen Berg Wodansberg nannten. Erst in der christlichen Zeit etwa 800 bis 900 Jahre nach der Zeitenwende ist der Name vom Kindelsberg entstanden. In alten Unterlagen fand ich, dass dies „Berg des Christuskindlein" bedeutet. Die Ehre, die man den Göttern gegeben hatte, wollten die späteren Christen auch Christus geben. So ist es durchaus möglich, dass der Name „Berg des Christuskindleins" zuerst da war, und wegen der langen Schreibweise später in Kindelsberg geändert wurde. Die zum christlichem Glauben übergangene Menschen bauten an den Orten, wo sie früher ihre Götter verehrten, eine Kapelle oder einen Tempel. So soll auf dem Kindelsberg im Jahre 1,000 eine Glocke vorhanden gewesen sein, die ihre Spuren der Nachwelt hinterlassen hat.

Dem jungen Schulmeister Jung Stilling ist 1756 auf dem Giller vom Bauer Kraft aus Lützel eine Sage vom Kindelsberg erzählt worden. Zum Schluss sagte der Bauer: „Ich kann auch noch ein Lied von diesem Berg." Stilling meinte: „Ich bitte euch Kraft, singt mir das Lied doch vor." Kraft antwortete: „Das will ich gerne tun, ich will Dir's singen." Und er begann: „Zum Kindelsberg auf dem hohen Schloss, steht eine Linde, von vielen Ästen kraus und groß, sie saust am kühlen Winde....." Es folgten noch 14 Strophen. Jung war von Melodie und Geschichte so begeistert und mitgenommen, dass ihm das Herz pochte. Er besuchte den Bauern nun häufig, der ihm das Lied, so oft vorsang, bis Styling es auswendig konnte. Diese sagenhafte, uralte Linde muss 1815 noch gestanden haben. Denn Joh. Heinrich Wurmbach pflanzte in diesem Jahr einen Ableger von ihr in der Winterbach bei Dahlbruch.

Zu allen Zeiten hat dieser 618 Meter hohe Kindelsberg die Menschen fasziniert und angezogen. Darum hat auch kein Gipfel im Siegerland so viele Sagen und Legenden hervorgebracht wie diese Höhe zwischen Müsen und Littfeld. „Es geht eine Sage bei uns zu Land: Ein Schloss auf dem ragenden Berge stand. Darinnen wohnte ein Jungfräulein wie lauter Rosen und Sonnenschein." Beginn eines Liedes bzw. Gedichts, das 14 siebenzeilige Strophen hat. - „Unter dem Stein neben der Linde schläft eine Jungfrau den ewigen Schlaf. Sie blieb ihrem Ritter treu, dem Grafen der Mark". – „Siehst du dort die Spitze vom Kindelsberg? Sie reicht fasst in die Wolken des Himmels." Beginn aus der sprechenden Glocke vom Kindelsberg. - Vom Gipfel des Kindelsbergs in südöstlicher Richtung liegt ein großer Steinhaufen. Hier soll ein Schatz aus dem Altertum, von einem Hund bewacht, vergraben sein. – Und noch heute heult bei Nacht der Racheengel um die Stätte, auf der sich einst das stolze Schloss derer vom Kindelsberg erhob. Aus „Der Untergang der Kindelsburg."

Die Anschläge auf Kaiser Wilhelm I. sind 1878 zweimal erfolgreich abgewehrt worden. Zum Andenken an diese Errettung pflanzte man am 20. Oktober des Jahres unter großer Beteiligung der Bevölkerung eine Kaiserlinde auf der Spitze des Kindelsbergs. Um die Gedenklinde ist ein schmiedeeisernes Gitter gesetzt worden, was heute noch zu sehen ist.

Am 26. Mai 1907, es war der Himmelfahrtstag, konnten mehrere tausend Wanderer aus nah und fern die Einweihungsfeier des 23 Meter hohen Aussichtsturms erleben. Um den Turm herum war ein überdachter, offener Rundgang mit Ruhebänken. Eine steinerne, 123 Stufen hohe Wendeltreppe ermöglichte den Aufstieg zur verglasten Rundumsicht. Eine kleine Eisentreppe führte noch weiter zur offenen Freisicht. In 640 Meter über dem Meeresspiegel hatte man eine ausgezeichnete Fernsicht. Trotz aller Freude kamen auch finanzielle Sorgen auf, denn die Bausumme von 18,000 Mark war doppelt so hoch, wie geplant. Mit dieser Summe konnte man damals immerhin fünf Wohnhäuser bauen. Im Jahre 1953 wurde ein Rasthaus neben den Turm gebaut. Auch die Bundespost zeigte bald Interesse am Turm, und so wurden technische Einrichtungen für den Telefon-, Radio- und Fernsehbetrieb angebracht. Das Gasthaus erhielt eine Autozufahrt und Strom. Auch der SGV war damit von vielen finanziellen Sorgen entlastet. Der Betrieb nahm immer mehr zu, und so wurde das Rasthaus 1969 vergrößert. Zu allen Jahreszeiten gilt dieser Turm als beliebtes Ausflugsziel.

Abschied vom uralten Müsener Bergbau

Die Weltwirtschaftskrise spürte auch das Siegerland gewaltig. Im Jahre 1929 hatte das Siegerland 8.500 Arbeitslose und 1931 waren es schon über 27.000. Das schwächste Glied der Eisenindustrie, die Erzgruben, wurde bei uns durch die Krise am härtesten getroffen. So wurde im Jahre 1929 noch 2,2 Mill. t Erz im Siegerland gefördert. Ein Jahr später gab es noch 34 fördernde Erzgruben mit etwa 6.800 Bergleuten. Ende 1931 hatte das Siegerländer Erzrevier noch 20 Gruben, die in Betrieb mit 3.232 Beschäftigten waren. Die Fördermenge war auf 895 000 t gesunken. Auch das Grubendorf Müsen hatte am 31. März 1931 einen Schicksal schweren Tag, denn die letzte Schicht wurde auf dem Stahlberg verfahren. Das alte Glöckchen bekam an diesem Tag noch einmal eine große Aufmerksamkeit, denn es läutete ab 6:00 Uhr morgens, immer in Abständen, das Ende des fast 3.000jährigen Bergbaus ein. Von überall her kamen Bergleute, Männer, Frauen und Kinder hinauf zum Stahlberger Schacht, um die letzte Einfahrt mit zu erleben. Obersteiger Petri, der letzte Betriebsführer von der Zeche Stahlberg, schrieb später ins Zechenbuch: „Das alte Bergmannsglöckchen rief die Knappen zur letzten Schicht". Dicht gedrängt standen die Leute im Verlesesaal der Grube Stahlberg, um an der Abschiedsfeier teilzunehmen. Unter Hauptlehrer L. sangen die Schulkinder zu Beginn der Feier: „Glück auf ist unser Bergmannsgruß ....". Die aufgehende Sonne warf helle Strahlen durch die großen Fenster in den Versammlungsraum, als die Anwesenden den Choral: „Wer nur den lieben Gott lässt walten ...." erklingen ließen. Danach hielt Betriebsführer Petri die letzte Bergmannsandacht und das Gebet vor der Einfahrt. In diesem Augenblick war in allen Gesichtern zu erkennen, dass der uralte Müsener Bergbau nun endgültig zu Grabe getragen wurde. Es war eine ganz, ganz bittere Stunde für Müsen. Mit dem Gesang: „Was Gott tut, das ist wohlgetan ...." endete die Andacht auf dem Stahlberg. Am späten Nachmittag wurden Besichtigungen, der vielen bergbaulichen Sehenswürdigkeiten von Müsen, wozu auch Reste der berühmten Wasserführung von Bergmeister Joh. Heinrich Jung zählte, durchgeführt. Danach traf man sich zu einem Imbiss, an dem auch die Belegschaft teilnahm, im Gasthof Nockemann. Hier begrüßte Gemeindevorsteher Setzer die Anwesenden und betonte, dass die Einladung nicht zum frohen Feste, sondern zur Abschiedsfeier bestimmt sei. Setzer sagte unter anderem: „Viele schwere Zeiten hat die Gemeinde Müsen im Laufe der Jahrzehnte durchgemacht, immer aber sei sie durch die Einigkeit ihrer Bewohner und den Schutz des oberen Bergherrn vor dem Untergang bewahrt worden."

Vor der Kirche, in der die Abendfeier stattfinden sollte, hatte sich in der Zwischenzeit eine große Menschenmenge angesammelt, die auf den Einlass warteten. Etwa 1.000 Menschen haben damals in der Kirche Platz gefunden. Noch nie waren so viele Menschen in dem Gotteshaus. Man war froh, dass kein Unglück bei diesem gewaltigen Andrang, der viele noch umkehren ließ, vorgekommen ist. Die Kirche war in würdiger Weise ausgeschmückt. Auf dem Altar lagen glitzernde Schätze der Martinshardt, in wundervollen Stufen aufgebaut, und leuchteten im Schein der Grubenlampen. Im Hintergrund waren Schlegel und Eisen das Symbol des Bergbaues angebracht. Im Halbrund hinter dem Altar standen Knappen in ihren herrlichen Trachten. Um 20:00 Uhr begann die Abschiedsfeier in der Kirche. Die Abordnungen zogen mit alter Bergmannstracht, der Knappenfahne und brennenden Grubenlampen unter dem Spiel der Orgel in die Kirche und nahmen im Chor Platz. Hierbei ging ein Raunen durch die Kirche, denn zu Ehren der ankommenden Bergleute erhob man sich von den Sitzen. Der Musikverein spielte das Niederländische Dankgebet. Es wurden einige Bergmannslieder und Gedichte vorgetragen. Als Redner kamen Bergassessor Willig, Landtagsabgeordneter Martin, Dr. Kirchner als Direktor des Arbeitsamtes Siegen, Dr. Schmick und Bürgermeister Wolter zu Wort. Sie alle brachten in der überfüllten Kirche zum Ausdruck, was die Menschen in dieser schweren Stunde in ihrem Herzen bewegte. Von Museumsdirekter Kruse aus Siegen wurde nun die Ehrung für die toten Kameraden gehalten. Sie endete mit einer Kranzniederlegung für die, im Dunkel der heimischen Berge tödlich verunglückten Bergleute. Nach der Kranzniederlegung hielt der Pastor der Kirchengemeinde Müsen, Dr. Heider, über Klagelieder Jeremia 3 Vers 22 bis 24 die Abschiedspredigt.

Nun Auszüge aus der Predigt: „Liebe Freunde, eine bitterste Stunde ist über uns gekommen. Wir hätten kein gutes Gewissen, wenn wir nicht alles versucht hätten, sie abzuwenden. Unsere Anstrengungen aber waren umsonst. Mit der heutigen Stilllegung der 1.000 jährigen weltberühmten Grube Stahlberg, findet der fast 3.000

jährige Müsener Bergbau vorläufig sein Ende. Wie vielen Geschlechtern hat er Brot gegeben, nicht nur im Heimatort Da, auf dem Altar im Schein der Grubenlampen, blinken die Schätze, die Jahrhunderte um Jahrhunderte von tapferen Bergknappen aus dem Dunkel unserer Berge ans Licht gefördert wurden. Es liegt ein tiefer Sinn darin, dass sie auf dem Altar der Kirche liegen. Gaben des Schöpfers Himmels und der Erden, die Ernte der Berge. Nun sind wir hier dicht gedrängt, wie noch niemals, so lange eine Kirche in Müsen steht, im heimatlichen Gotteshaus. In allen Ängsten der Zeiten ist die Kirche die Zufluchtsstätte gewesen, ist das Angesicht Gottes der Ort gewesen, wo der Mensch Ruhe, Stille, Kraft und neuen Mut suchte und fand. Darum wollen wir uns gegenseitig in dieser schweren Stunde ein Wort des Trostes und der Kraft und der Hoffnung zurufen. Und ein Wort, das aus tiefstem Mitfühlen und Mitleiden mit des anderen Not geboren ist; ein Wort, das von Herzen kommt, findet auch den Weg zum Herzen des anderen, das beschwert und sorgenvoll ist. Und wenn ich auch kein Bergmann bin, so bin ich doch mit dem Bergmannsberuf verwachsen. Mein Großvater ist drüben auf der Grube Brüche ins Bergwerk gefahren, zuletzt als Steiger, und ist früh gestorben wie alle Bergleute der damaligen Zeit. Und haben wir nicht die Pflicht, ehe wir endgültig vom Stahlberg scheiden, noch einmal in stiller Stunde all der Kameraden zu gedenken, die dort im Laufe vieler Geschlechter den Tod gefunden? Es ist ein langer, langer Zug. Und all den Witwen und Waisen, die so früh den Ernährer verloren und mühselig und tapfer den harten Weg um Brot und Aufstieg wandern mussten. Gilt nicht auch für das Bergwerk das Lied des Frontkämpfers: ‚Ich hatt' einen Kameraden, einen besseren find'st du nicht. .Ihn hat es weggerissen, er liegt mir zu Füßen, als wär's ein Stück von mir.' Darum ist die Kirche, die unsere Väter erbaut haben, in der Mitte ihres Bergmannsdorfes, die Kirche, die sie aufnahm in den Nöten der Zeiten, die sie tröstete und aufrichtete, auch für uns, ihre Enkel, der einzige Ort, wo wir als Männer und Frauen, als Kinder dieser Erde und als Kinder des ewigen und unerforschlichen Herrn Himmels und der Erde, Abschied halten vom alten Müsener Bergbau, Abschied vom alten, weltberühmten Stahlberg, zu den in Glanzzeiten Fürsten und Könige, höchste Staatsbeamte und alle Bergleute, die etwas auf sich hielten, gepilgert sind. Gottes Barmherzigkeit hat kein Ende! Mit diesem Gotteswort wollen wir Abschied halten und uns gürten, in eine neue Zukunft zu schreiten. Als große Familie, als Dorfgemeinschaft wollen wir mit diesem Wanderstab hinauswandern. Gottes Erbarmen, Gottes Treue ist noch über uns, sie geht nie zu Ende. Mit diesem Wort rufen wir euch allen ein neues Glück auf zu aus der Tiefe und Nacht der Gegenwart zu neuem Licht." „Glück auf."

Zur letzten Einfahrt in die Grube Stahlberg

Am 31. März 1931

Stumm liegen Stollen und versteckte Halden.
Der Traum vom reichen Stahlberg ist verweht.
Doch einmal noch bebt hoch im Förderturme
das blanke Seil, bevor es schweigend steht.

Der Tag der letzten Schicht ist nun gekommen,
weithin im Land hat man's vernommen.
Hier haben Tausende den Berg des Stahls verehrt,
selbst Fürsten haben seinen Ruhm vermehrt.

Im Chor der Kirche blinken blasse Erze,
das alte Glöcklein läutet bang und hohl.
Mit einen Kranz für all die Toten Knappen
ertönt ein letzter Gruß : " Fahrt wohl! "

Und wenn wir trauern ob der letzten Einfahrt,
ein Trost erquickt uns trotz der Not der Zeit:
Was auch aus ihrem Schoß die Zukunft spendet,
der Ruhm des Stahlbergs bleibt in Ewigkeit!

Rudolf Marpe Dahlbruch

Als „det Juggelche" noch ratterte

Anfang der 1850er Jahre begann man die Eisenbahntrasse für die Ruhr-Sieg-Strecke auch durchs Siegerland zu planen. Die Bahnlinie sollte durch Müsen, dem damaligen Industriezentrum des oberen Ferndorftales, geführt werden. Mit allen nur denkbaren Mitteln wehrten sich die Müsener, dass über ihr Hoheitsgebiet eine Eisenbahn fahren sollte. Sie hatten Erfolg und 1857 wurde die Trassierung durch Müsen endgültig fallen gelassen. Mit dieser Haltung hatte man die Beerdigung der Hütten und Hämmer im Rothenbach- und im oberen Ferndorftal eingeläutet, was bestimmt nicht gewollt war. Aber auch weitere wirtschaftliche Vorteile hatte man für Generationen damit verbaut. Es wurden nun neue, größere und modernere Hüttenwerke an die im Jahre 1861 eingeweihte Bahnstrecke Siegen-Hagen gebaut, die außerdem noch mit Kohle und Koks betrieben wurden, anstatt mit Holzkohle, wie es bis dahin im Siegerland üblich war. So auch die Kreuztaler Hütte (heute Blefa), die bis 1928 in Betrieb war. Aber auch den wohl reichsten Berg von Nassau, in dem die Grube „Stahlberg" in Müsen war, brachte man durch diese starre Haltung in Existenzschwierigkeiten. Aus diesem Grunde projektierte bereits 1863 ein Siegener Bauingenieur zwei Bahntrassen für den Erztransport von Müsen nach Kreuztal zur Bahn. Es waren Schmalspuren mit einer äußerst seltenen Spurweite von 706 mm. Eine war für einen Pferdebetrieb und die andere für einen Lokbetrieb vorgesehen. Die Verbindung ist zwar 1865 von Arnsberg genehmigt worden, aber die Verwirklichung scheiterte an den Kosten.

Als nun Anfang des Jahres 1884 die Sekundärlinie der Eisenbahn von Kreuztal nach Hilchenbach, die von Ferndorf über die Hauptstraße, die heutige B508 lief, in Betrieb ging, wurde sofort eine Gleisverbindung von Müsen nach Dahlbruch hergestellt. Damit war die Müsener Erzförderung an das vorher verdammte, aber dringend benötigte Eisenbahnnetz angebunden. Es war eine Schmalspurbahn mit einer Spurweite (Abstand zwischen den Innenkanten der Schienen) von 706 mm. Der Schienenstrang begann unterhalb der damaligen Schleppbahn am Ende von Müsen, führte dann nach Osten am Berghang entlang in Richtung Dahlbruch. Die Strecke überquerte das Gelände der Firma Sieper auf den Bocherich, lief dann über den heutigen Sportplatz, wo der Lockschuppen stand. Es ging weiter nach Dahlbruch durch die Winterbach und dann auf den jetzigen Hüttenweg. Früher hatte der Hüttenweg den Namen „Bähnche" wegen dieser kleinen Bahn. Noch heute setzen ältere Mitbürger bei Personen, die hier einst gewohnt haben, vor ihren Familiennamen das Wort „Bähnches". Danach führte die Strecke noch ein Stück über die heutige Hochstraße, wo kurz vor der B508 nach rechts zum alten Bahnhof abgebogen wurde. Unmittelbar von der Hochstraße ging es auf eine hölzerne Rampe. Hier wurden die offenen, kleinen Güterwagen von der Mannschaft der „Stahlberger Grubenbahn", wie sie offiziell hieß, in die tieferen Eisenbahnwagons gekippt bzw. entladen.

„Det Juggelche" wie die Lok im Volksmund genannt wurde, hatte ebenso wie die Loren vorne und hinten nur in der Mitte einen Puffer. Die erste Lok, die zum Einsatz kam, war eine Dampflok von der Firma Kraus, Baujahr 1883. Sie hatte 50 PS und wog 8,25 t Im Jahre 1918 kam von der Firma Jung ein stärkeres „Juggelche" mit Feuerbüchse hinzu. Es hatte 150 PS und ein Gewicht von 15 t. Wegen der ungewöhnlichen Spurweite, die aus dem alten Müsener Bergbau stammen muss, konnten die Loks später bei Stilllegung der Bahnstrecke nicht verkauft werden und wurden verschrottet.

Die Gleise vom Dahlbrucher Bahnhof, heute Privathaus (in ihm war auch einmal das Jugendzentrum der Stadt Hilchenbach), hatten eine Gesamtlänge von gut 2.000 m und mündeten in einen kleinen Verschiebebahnhof. Die Verschiebestation, auf der die Züge nach Dahlbruch mit den Erzen aus den Gruben „Stahlberg" und „Wildermann" (nur bis zur Schließung im Jahre 1911) zusammengestellt wurden, war viergleisig. Sie lag am unteren Ende der Schleppbahn, etwa in der Höhe des Hüttenweihers. Die Schleppbahn, die gleichzeitig die Verbindung zu den Gruben herstellte, führte steil bergauf in Richtung Littfeld zur Martinshardt. Sie hatte zwei parallel laufende Gleise, eine Länge von etwa 600 m, und reichte bis zum „Alten Schacht". Es wurde im Dreierrhythmus gearbeitet. Dies bedeutet, dass drei beladene Wagen, die nach unten fuhren, drei leere nach oben schleppten. Somit entstand der Name Schleppbahn. Die Gleise wurden nach Möglichkeit im Wechsel mit leeren und vollen Loren befahren, die an Drahtseilen, die durch die Mitte der Gleise führten, befestigt waren. Oben, hinter den Schienensträngen der Schleppbahn, war eine zweifache, im Wechsel wirkende Drahtseiltrommel, die durch einen Motor reguliert wurde und im so genannten Trommelhaus stand. Mit Schließung der Grube Stahlberg am 31. März 1931 beendete auch die Stahlberger Grubenbahn und somit auch „det Juggelche" seine Tätigkeit. Ein weit über 1.000 Jahre alter bedeutender Erzbergbau ging damit zu Ende.

4. Das Ferndorftal konnte viel erzählen

Als die Wasserräder noch klapperten

Hunderttausende von Jahren und mehr mag es wohl gedauert haben, bis die Ferndorf ihr Bett gegraben und somit das Ferndorftal geschaffen hat. In Hilchenbach nahm sie verschiedene kleinere Bäche auf und wurde somit stärker. Diese Kraft benötigte sie auch, denn das mächtige Felsgestein zwischen Allenbach und Kredenbach musste sie durchbrechen. Sie durchbrach alle Felsbarrieren fast gradlinig. Was muss doch hierfür eine enorme Energie verschwendet worden sein? In Allenbach vereinnahmte sie Breitenbach und Insbach und wurde wieder etwas größer.

Das Tal, das die Breitenbach schuf, wird heute als Trinkwassertalsperre genutzt. Die Sperre versorgt weit mehr Menschen mit Trinkwasser, als das Ferndorftal beherbergt. Die Ferndorf nahm noch mehr Bäche bzw. Rinnsaale auf. Mit Abstand aber der mächtigste und wasserreichste im Oberlauf ist die Rothenbach. Sie fließt rechtwinkelig auf die Ferndorf zu. Hierdurch entstand im Ferndorftal durch die Rothenbach eine große Öffnung. Das Tal wurde unterbrochen, es gab einen Bruch im Tal, einen so genannten Tahlbruch. Hieraus wurde auch der Ortsname Tahlbruch bzw. später Dahlbruch abgeleitet.

Zwischen diesen beiden Flüssen hat es vor geraumer Zeit gewaltige Machtkämpfe gegeben, wer nach Vereinigung die Führung übernimmt. Die Ferndorf ist schließlich Sieger geblieben. Hierdurch entstand ein großes Sumpfgebiet, das später zu einem sehr breiten Flussbett wurde. So ist es auch erklärlich, dass bis zum Bau der Wittgensteiner Straße (1830 bis 1834), die Straße durch das Ferndorftal sich nur zwischen Lohe und Hillnhütten splittete. Dieses Tal ist zum Teil in der Mitte des vorigen Jahrhunderts noch bis über 15 Meter aufgefüllt worden. Ein weiterer Beweis, dass die Ferndorf hier sehr breit war, ist die Schweisfurth

So wurde ihr Name erstmals 1417 erwähnt, wo es hieß „der hoff tzu Schweynsfort". Weiterhin wurden 1599 zwei Lehnsgüter aufgeführt, die im Besitz der Brüder Ludwig und Johann Schweis waren. Mit sehr großer Wahrscheinlichkeit hat dieser Hof, der im Besitz der Familie Schweis war, an einer seichten Stelle, einer Furt, der Ferndorf gelegen und so den Namen gegeben.

Übrigens waren Hillnhütten, Schweisfurth und Lohe einst selbstständige

Gemeinden. Vor etwa 4000 Jahren durchstreiften Jäger diese Gegend und suchten nach Beute. Später waren es die nomadisierenden Hirtenvölker, die ihre Viehherden hier weideten und tränkten. Immer wieder spielte das Wasser eine große Rolle. Die Menschheit hatte sehr schnell erkannt, dass kein Leben ohne Wasser sein kann. Längst hatte man auch die Kräfte des Wassers erkannt und immer wieder versucht, sie zu nutzen. Da in den Müsener Bergen viel Erz gewonnen wurde, das verarbeitet werden musste, ging man schon sehr früh zur Industrialisierung über. Hierzu benötigte man wieder Wasser und vor allen Dingen das Wasserrad als Antriebsmaschine. Diese Räder wurden von oben bzw. von unten angetrieben. Beim oberschlächtigen Wasserrad greift das strömende Wasser an der obersten Stelle des Rades an, das so durch das Gewicht des Wassers (potentielle Energie) angetrieben wird. Beim unterschlächtigen Wasserrad tauchen die Schaufeln des Rads ins fließende Wasser ein und nutzen dessen Strömungsenergie.

Springen wir nun in die Jahre um 1800, wo auf einer Landkarte die Industriestandorte aufgezeichnet sind. Da gab es zunächst in Müsen drei Schmelzund zwei Stahlhütten. Danach führten von einer Kreuzung drei gleichrangige Straßen in das Tal der Ferndorf, und zwar nach Lohe, Dahlbruch und Allenbach. Überall, wo diese Straßen(es waren zu jener Zeit nur unbefestigte schwer befahrbare Hohlwege) ins Ferndorftal mündeten, war wieder eine Schmelzhütte. Mehr Schmelz- oder Stahlhütte wurden zu jener Zeit im Ferndorftal nicht aufgezeichnet.

Übrigens ist die älteste, urkundlich erwähnte Siegerländer Blashütte die Allenbacher von 1417. Das gewonnene Eisen aus den Hütten musste weiterverarbeitet werden. Da der Transport in den holprigen Hohlwegen sehr schwer war, existierten hierfür allein in dem Tal von Haarhausen bis Ernsdorf (Kreuztal gab es zu dieser Zeit noch nicht) 11 Reck-, Eisen- bzw. Stahlhämmer. Sie wurden alle von großen Wasserrädern durch den Strömungsverlauf meistens von unten angetrieben (unterschlächtige Wasserräder). Im weiteren oberen Verlauf der Ferndorf gab es schon die Pulvermühle in Helberhausen, die zum größten Teil den Sprengstoff für den Bergbau herstellte. Sie ist von oben angetrieben worden (oberschlächtiges Wasserrad). Dann gab es noch die Schneidemühle in Hadem, zwei Mühlen in Hilchenbach, und eine Ölmühle in der Sterzenbach, sonst waren keine weiteren Mühlen mehr vorhanden, bis zum – nennen wir es – Hammertal.

Der Name Hammertal war schon zutreffend. Es gab nämlich im gesamten Hees- und Littfetal und im weiteren Ferndorftal bis einschließlich Dillnhütten (die Karte endet hier) nur noch drei Hämmer. Im so genannten Hammertal gab es noch weitere unterschiedliche Mühlen. All diese Mühlen und Hämmer konnten nur laufen, wenn genügend Wasser vorhanden war. Wenn nicht genug da war, blieb man zu Hause und ging der landwirtschaftlichen Tätigkeit nach. Die Besitzer der Hämmer und Mühlen waren schon etwas besser gestellte Leute und tranken ab und zu mal ein Gläschen Wein. Aus dieser Zeit kommt auch der alte, fast vergessene Siegerländer Spruch: „Haa m'r Wasser, da drenke m'r Wing . ." (Haben wir Wasser, trinken wir Wein. Haben wir kein Wasser, bleiben wir de' Heim.) Dieser Spruch der ehemaligen, auf die Antriebskraft des Wassers angewiesenen Hütten- und Hammergewerken des Siegerlandes macht die starke Abhängigkeit des vorindustriellen Gewerbes von seinen Energiequellen deutlich. Unüberhörbar muss das Geklapper der Wasserräder in diesem Tal oft Tag und Nacht gewesen sein. Nur die mächtigen Hämmerschläge und das Peitschengeknall der Fuhrleute haben das Geklapper übertönt. Ein pulsierendes Leben, verbunden mit großem Unternehmergeist, hat schon früh in diesem Tal geherrscht, und dies ist bis heute noch vorhanden.

Übrigens hat auch die älteste Brauerei des Siegerlandes, die Irle Brauerei, ein Dahlbrucher ins Leben gerufen. So ist es auch nicht verwunderlich, dass Dahlbruch vor der Eingemeindung 1969 zu den reichsten Gemeinden des gesamten Siegerlandes zählte. Dahlbruch ist zwar die jüngste, aber dafür die schnellstwachsende Gemeinde von allen elf eingemeindeten Ortsteilen, einschließlich Hilchenbach gewesen. Längst sind im Ferndorftal die Hüttenfeuer erloschen, die Blasebälge fauchen nicht mehr, kein Qualm kommt mehr aus den Schloten, das Klappern der Wasserräder ist verstummt, verschollen ist das Peitschengeknall, kein Mühlstein dreht sich noch, und die gewaltigen Hammerschläge gehören längst der Vergangenheit an. Nicht der Vergangenheit aus dieser Zeit ist das energische Unternehmertum mit Gründermentalität. Dies ist hier auch heute noch vorhanden. Es kommt bei einem der elf vorher erwähnten Hämmer besonders in Betracht. So wurde laut Conzissionsurkunde vom 25. Mai 1769 von Sekretario Schenk zu Siegen ein Reckhammer „unter dem Dahlbruch" erbaut. Auf zwei durch Wasser (Wasserräder) betriebene Hämmer wurden vorzugsweise Bandeisen für Fässer sowie Bandagen für Wagenräder ausgeschmiedet.

Der Hammer ging am 6. April 1790 zum Kaufpreis von 1600 Talern in den Besitz des Gewerken Johannes Klein. Im Laufe der Jahrzehnte wurde der Hammer unter Führung der Familie Klein zu einer bedeutenden Maschinenfabrik ausgebaut, deren Erzeugnisse Anerkennung in allen Industrieländern fanden. 1927 wurde die Maschinenfabrik von der Familie Weiß erworben. Sie wurde unter den Namen Siemag weitergeführt und zu den führenden Walzwerksherstellern ausgebaut. 1973 erfolgte die Fusion von Siemag und Schloemann (Düsseldorf). Man einigte sich auf den Namen SMS. Heute zählt die SMS zu den größten ihrer Branche.

Vom Nonnenkloster Keppel bis zum Lyzeum

Das Gründungsjahr der Bildungsstätte Stift Keppel, die wie ein mächtiger Herrensitz aussieht, liegt nicht eindeutig fest. Es wird von den Jahren 1137 und 1180 gesprochen. Erstmals wird es in einer Urkunde 1239 erwähnt, und zwar errichtet Friedrich von Hayns seinerzeit für die unversorgten Töchter des Siegerländer Adels eine Zufluchtstätte. Es muß damals nur ein winziges Kirchlein mit wenigen Nonnenzellen, die nach Süden gerichtet waren, gestanden haben. 1275 ist Kirche und Kloster nach mehreren Bränden neu geweiht worden. Die Kirche ist in dieser

Gestalt im wesentlichen bis heute erhalten geblieben. Das Geläut, was aus zwei Glocken bestand, kommt aus einem kleinen achteckigen Türmchen, dessen Barockbedachung einer späteren Zeit angehört. Im Dachreiter am Ostchor befindet sich die dritte Glocke, die wahrscheinlich 1590 von der Antoniuskapelle im Wehbach kam.

Die Entstehung von Stift Keppel fällt in die Zeiten des neuerwachenden mönchischen Geistes. Dem Prämonstratenser-Orden angehörend wird eine strenge Ordnung, Klosterzucht-Klausur und das gemeinsame Chorgebet verlangt. Zwei Geistliche des Ordens versehen die Seelsorge. Im Jahre 1392 wird durch eine Klosterverordnung die Zahl der Nonnen auf 24 beschränkt. Die Mindestaussteuer, die jede der Novizen mitzubringen hat, wird genau festgelegt und sieht nicht nach einer Armut des Klosters aus. Aber auch durch Schenkungen und Stiftungen von den Landesfürsten und dem Siegerländer Adel blüht es sehr schnell auf. Der Besitz war einst so groß, dass unter anderem alle Dörfer des oberen Ferndorftales jahrhundertelang in wirtschaftlicher Abhängigkeit von dem ehemaligen Nonnenkloster waren. Erst als 1850 die preußische Regierung das Rentenbankgesetz verabschiedete, gingen viele Lehnsgüter durch eine einmalige Abfindung in den Besitz der auf ihnen wohnenden Familien über.

Die strenge Ordensdisziplin lockerte sich, wahrscheinlich durch den großen Reichtum, sehr schnell und es kamen öfters Vermahnungen des Abts von Arnstein, der dem Erzbistum Mainz unterstand. Die gewaltigen Religionsbewegungen im 16. Jahrhundert drangen auch bis an Keppels abgelegene Klosterpforte. 1536 schickt Graf Wilhelm den Befehl, die Nürnberger Ordnung anzunehmen. Nach dem ersten Schrecken wird die neue Lehre angenommen, da ein Großteil des Siegerländer Adels zum Protestantismus übertrat. Da viele Nonnen dem arbeitssamen Siegerländer Stamm entsprossen, kam man zu der Einsicht, daß das Leben auch noch andere Werte hatte, als die Hände untätig in abgeschlossener Waldeinsamkeit in den Schoß zu legen. Es wurden nun Mädchen vom Adel im Kloster erzogen, im Katechismus unterrichtet und zur Zucht angehalten. Mit Keppels Klostereinsamkeit war es für immer vorbei. Denn nun drang frohes Kinderlachen durch die einst so stillen Räume.

90 Jahre nach der ersten Schulgründung bringt 1626 die Gegenreformation neue Stürme nach Keppel. Graf Johann der Jüngere, dem Keppel durch neue Erbschaft zugefallen war, gibt es mit Liegenschaften dem Jesuitenkolleg in Siegen. Es muß ein erbitterter Kampf in dieser Einsamkeit in jener Zeit stattgefunden haben. So holten 80 Schützen des Grafen unter anderem die Keppeler Urkunden bei Johann von Selbach in Lohe ab, wo man sie in Sicherheit glaubte und gab sie den Jesuiten. Von holländischen Soldaten wurde 1627 das Kloster komplett ausgeplündert. 1632 vertreibt Johann Moritz die Jesuiten, die aber 4 Jahre später wieder Einzug halten.

Durch die Äbtissin Maria von Effern wird dem Religionswechsel ein Ende gemacht, da sie im Westfälischen Frieden auf die Restitution des Stiftes geklagt hat. Da es im Normaljahr 1624 reformiert war, bekommen sie den Zuspruch. Da der Siegerländer Adel zum Teil wieder katholisch geworden ist, erhebt dieser, wegen Mitgründung seiner Vorfahren, auch den Anspruch. Man kommt zur Einigung, und es werden Mädchen beiderlei Bekenntnisse aufgenommen. Die Äbtissin muß abwechselnd reformiert bzw. katholisch sein. Auch bei den Geistlichen einigte man sich auf ein Simultaneum. In getrennten Flügeln des Stiftes wird gewohnt, wodurch auch zwei Haushaltungen entstehen.

Im Jahre 1733 wird das Kloster abgebrochen und ein Neubau entsteht. Der Bau ist im Stil französischer Schlösser der damaligen Zeit entstanden. Das alte Prämonstratenserabzeichen, das Lamm Christi auf blauem Emaillegrund in Goldfassung, wird seit dem 18. Jahrhundert wohl auf der linken Schulter getragen worden sein. Anno 1803 wird die Aufhebung des Stiftes beschlossen und 1812 vollzogen. An die Krone von Preußen fällt es nach den Freiheitskriegen. Der König bestimmt 1819, dass Einkünfte und Zinsen der beiden Stifte Geseke und Keppel zur Versorgung lediger Töchter von Offizieren, Kriegswaise sind zu bevorzugen, und Staatsbeamten verwendet werden. Die Stiftsdamen haben kein Wohnrecht mehr und die Gebäude werden zum Teil vermietet.

Es rückten schnell die Einigungskriege heran. Ja, mit Blut und Schwerte haben die Heere das Deutsche Reich zusammengeschmiedet. Nun galt es, nachdem der erste Jubel vorüber war, die Wunden des Krieges zu heilen. Von König Wilhelm wurde die Königinwitwe Elisabeth zur Protektorii sämtlicher preußischer Damenstifte ernannt. Das Stift in Keppel wurde nun wieder für Wohnungen von Stiftsdamen eingerichtet. Sie mußten aber auch die Pflicht übernehmen, Zöglinge, vornehmlich Kriegswaisen, zur Erziehung und Unterrichtung aufzunehmen. Zum 2. Mal entstand somit auf historischem Boden eine Schulgründung. Bereits im Jahre 1910 bekam das Stift die Anerkennung als Lyzeum (höhere Mädchenschule).

Als noch Wegegeld gezahlt werden musste

Der Standort Kronprinzeneiche ist heute für die Menschen des Siegerlandes ein Begriff und fester Bestandteil der Land- und Wanderkarten. Gepflanzt wurde diese Eiche eigenhändig, wie es der Chronist festhielt, am 16. Oktober 1833 vom damaligen Kronprinzen und späteren König Friedrich Wilhelm IV.

Der Prinz hatte dem Berleburger Schloss einen Besuch abgestattet und war mit seinem großen Gefolge auf dem Wege von dort zum damaligen berühmten Müsener Stahlberg, der bekanntesten Grube des Siegerlandes. Der Weg führte ihn über Erndtebrück, über die heutige B 62, mit jetzigem Namen „Kronprinzenstraße“ nach Lützel. Auf der Lützeler Höhe, wo er nach Hilchenbach abbog, pflanzte er unter großer Beteiligung der führenden Persönlichkeiten des hiesigen Raumes einen jungen Eichenbaum. Die Eiche verkörperte einst das Sinnbild von Kraft und Beständigkeit. Danach ging der Trott weiter über Hilchenbach, Allenbach, Dahlbruch nach Müsen, wo die Grube Stahlberg befahren wurde, die zu diesem Anlass mit Hunderten von zusätzlichen Lichtern ausgeleuchtet war.

In der ersten Hälfte des 19. Jahrhunderts ist erst mit dem befestigten Straßenbau im größeren Umfang im Siegerländer Raum begonnen worden. So damals auch die neu errichtete Landstraße durch das Ferndorftal, auf der Friedrich Wilhelm reiste. Übrigens brachte diese Straße einen gewaltigen Verkehrsfortschritt für das betriebsame Ferndorftal. Da der Bau solcher Straßen sehr kostspielig war, musste jedes Fuhrwerk, das sie benutzte, Wegegeld bezahlen. Hierzu wurden Wegegelderhebungsstellen, wie man sie damals nannte, mit Schlagbäumen errichtet.

Solche Wegegeldstellen bzw. Zollstellen, wie der Volksmund sie nannte, waren in Krombach, Ferndorf, Haarhausen und in der Rothenberger Straße in Hilchenbach für die Landstraße nach Brachthausen. Aber auch auf der Müsener Straße bei der großen Ziegelhütte (heute Zahnärztin Schmitt) in Dahlbruch war Wegegeld fällig für die Fuhrwerke von und nach Müsen. Die Gebühr betrug damals für jedes passierende Stück Vieh zwei Pfennig. Die Einnahmen wurden für die Unterhaltung der Straßen verwendet. Ob der Kronprinz auch seine fällige Gebühr für sich und das große Gefolge entrichtet hat? Diese Erhebungsstellen blieben bis in die 1870er Jahren, zum Teil auch noch etwas länger, bestehen.

Gesellschaftspolitisch gesehen war der Besuch des Kronprinzen ein großes und wichtiges Ereignis für diese Region. So wurde noch im Jahre 1833 der Schützenverein „Kronprinzeneiche" gegründet, in dem die Unternehmerschaft des Ferndorftales die führende Rolle spielte. Die Schützenfeste fanden immer zur Erinnerung des Pflanztages der Kronprinzeneiche statt. In der Einladung hieß es weiter: „Indem ich zu diesem Feste ergebenst einlade, bemerke ich, dass das Entree für die Herren, die nicht als Mitglieder beteiligt sind, auf 15 Sgr. festgestellt ist und Damen und Kinder, letztere in Gesellschaft ihrer Angehörigen, freihen Zutritt haben.

Der Verein sorgt für tüchtige Musik und der Wirtschaftsunternehmer Herr Wolschendorf für erforderliche Erfrischungen.

Dahlbruch, den 20. Juni 1856. der Schützen-Hauptmann, Klein."

15 Sgr. (Silbergroschen) Eintritt für einen Nachmittag war schon ein ganz stolzer Preis und für die meisten Menschen nicht erschwingbar. Zum Vergleich: 1 Silbergroschen waren 12 Pfennige (Pf). 1 Quart Bier (1,145 l) kostete damals 1 Silbergroschen und ein Pfund Schweinefleisch 2 Sgr. 9 Pf. Für ein Pfund Schwarzbrot mussten 9 Pfennige bezahlt werden und der Preis für ein Scheffel Kartoffeln, gleich 38 KG, war 9 Sgr. 5 Pf. Der Tagelohn betrug zur damaligen Zeit 14 Sgr. im Sommer und 10 Silbergroschen im Winter.

Aber solche Vereine, die auch in anderen Gegenden gegründet wurden, haben später in abgeänderter Form dem Aufbau der Demokratie genützt. Nach der endgültigen Niederschlagung der Deutschen Revolution im Jahre 1848/49 wurde die Verfassung in Preußen stark zugunsten der konservativen Kräfte umgestaltet. So wurde das Dreiklassenwahlrecht eingeführt und ein Verbot ausgesprochen, sich in Gruppen für einen politischen Gedankenaustausch zu treffen. Dieses aber wurde zur eigentlichen Geburtsstunde der vielen Deutschen Vereine. Das Volk hatte den Drang nach mehr Freiheit und Demokratie, die in anderen Ländern zum Teil schon weiter fortgeschritten war. So traf man sich meistens als politische Gruppierung unter dem Decknamen und der Satzung eines Vereins. Als Vorbild hierfür galten u. a. Satzungen, wie beim Schützenverein Kronprinzeneiche, die aber in Wirklichkeit einen anderen Sinn hatten. Verursacht durch diesen Freiheitsdrang haben wir in Deutschland heute mehr Vereine als in fast allen anderen Ländern.

Um die neu gepflanzte Eiche wurde sofort eine parkähnliche Grünanlage, in der die Schützenfeste stattfanden, angelegt. Der erste Schuss wurde natürlich immer zu Ehren des Kronprinzen und späteren Königs abgefeuert. Die Eiche, die im Mittelpunkt stand, war durch ein kreisförmiges Eisengitter aus senkrechten Stäben geschützt. Für die Pflege und Instandhaltung waren die Fabrikantenfamilien des Ferndorftales im Wechsel verantwortlich. Leider ist heute, nach mehr als 170 Jahren, nicht mehr viel von dieser einst herrlichen Anlage zu erkennen. Das Stämmchen ist aber zu einem mächtigen Solitär-Eichenbaum geworden und der letzte Zeuge dieses ehemals wichtigen Ereignisses.

Als Kreuztal noch bei Hilchenbach war

Im Stadtarchiv von Hilchenbach lagert eine Übersichtskarte aus dem Jahre 1815 vom Amt Hilchenbach mit seinen Grenzen, Ortschaften und Commerzwerken, die von dem Feldmesser und Gerichtsschöffen Kocher zu Ferndorf gezeichnet wurde. Auf ihr wurden vereint die Flächen der heutigen Städte Hilchenbach mit den Orten Hof Buchen, Hof Maustal sowie Herzhausen und Kreuztal mit Buchen zum Großamt Hilchenbach, was bereits im Jahre 1775 erfolgt war.

Kreuztal gab es seinerzeit noch nicht. Erstmals wurde der Name Kreuztal 1832 im Siegen'schen Intelligenz Blatt erwähnt und 1836 wurde er zum ersten Mal auf einer neuen Kreiskarte verzeichnet. Sein Ursprung war eine Gastwirtschaft mit einer Bäckerei am Wegekreuz, die bald durch eine Posthalterei ergänzt wurde.

Im Jahre 1815 hatte das Großamt Hilchenbach, zu dem auch die Kirchspiele Ferndorf und Krombach zählten, 6064 Einwohner. Die Zahl der Reformierten betrug 5490, die Lutheraner 10 und die Katholiken waren mit 71 vertreten, wovon alleine 48 in Burgholdinghausen lebten. Weiterhin gab es noch 34 Menonitten, von denen 20 in Lohe waren. Auch 9 Juden waren registriert, die alle in Burgholdinghausen lebten. In der Gemarkung der heutigen Stadt Hilchenbach lebten seinerzeit 3022 Bewohner, also die Hälfte. Heute dagegen hat Kreuztal doppelt so viele Einwohner wie Hilchenbach.

Auf den Grundmauern der 1689 abgebrannten Wilhelmsburg wurde 1776 für diese Amt ein Amtsgebäude errichtet. Bereits 1690/1691 hatte man hier wieder mit dem Bau einer Burg bzw. eines Schlosses begonnen, welches sehr schnell zur Ruine wurde. Auf den Bau dieses Amtshauses weist ein Findling aus Stein mit der Jahreszahl „1776“ hin, der an der ursprünglichen westlichen Außenmauer des neuen Gebäudes angebracht war und heute leicht versetzt im Stadtmuseum Hilchenbach zu sehen ist. Bereits 1775 wurde die Regelung von 1743 aufgehoben und die alten nassauischen Ämter erstanden wieder so auch das Amt Hilchenbach.

Die nach Personen größten Orte dieses Amtes waren Anno 1815 nach Einwohnern sortiert. Hilchenbach (735), Müsen (600), Littfeld (504), Ferndorf (475), Krombach (389), Helberhausen (256) und Lützel mit (243). Da Hilchenbach die Wilhelmsburg hatte und bereits 1687 mit Fleckenrechte ausgestattet war, zur Stadt wurde es erst 1824 erhoben, sowie der größte Ort war, bekam es vermutlich den Amtszuschlag.

Die Statistik, aus dem Buch „Alt Hilchenbach“, Seite 71, gab interessante Einblicke in die damalige bewegte Zeit: „Es wurde vermerkt, dass das Amt Hilchenbach einen Flächenraum enthielt, welcher eine Länge von fünf Stunden und eine Breite von zwei Stunden ausmacht ,folglich aus zwei ein halb Quadratmeilen bestand. “ Weiter wurde festgehalten: „Das Amt Hilchenbach wurde auf seiner West-, Nord- und Ostseite von einem ununterbrochenen Gebirge eingeschlossen, welches auf dieser Seite unter dem Namen der sogenannten Kölnischen Höhe bekannt war und welches zusammenhängende Gebirge die natürlich Grenze des Fürstentums Siegen darstellte."

Über die Beschreibung der Hauptstraße hören wir folgendes: „Eine Hauptstraße kam von Marburg über Biedenkopf, Wittgenstein, auf der Lützel in das Amt Hilchenbach und ging durch dasselbe über Ferndorf und Ernsdorf über die Chausse hinüber in das Amt Freudenberg, von wo aus selbiges auf Gummersbach und Elberfeld führte..."

Es müssen noch Hohlwege gewesen sein, denn die heutige B 508 zwischen Hilchenbach und Kreuztal erst 1830 bis 1834 gebaut wurde. Die Landhecke war früher sehr breit und ganz dicht bewachsen, so dass kein durchkommen war. Es wurde festgehalten: „Das die Hecke in der Vorzeit von einer 6-10 Ruten, sogar bis 15 Ruten breiter Verzäunung oder Verhau umgeben gewesen, wovon dermalen aber noch große Teile als Waldung mit in- und durcheinander gewachsenem Gehölz vorhanden waren." Mit den Commerzwerken, die auf der alten Karte vermerkt sind, waren die Industriestandorte gemeint. Dank der reichhaltigen Erzvorkommnisse in den Bergen von Kindelsberg und Martinshard waren im Amt, besonders in Müsen, viele Schmelz- und Stahlhütten vorhanden. Aber auch Reck- und Stahlhammer waren hier zu Hause. So alleine elf Stück von Haarhausen bis Ferndorf. Aber auch die Mühlenlandschaft war hier im Hilchenbacher Amt beheimatet. So gab es Schneide-, Loh-, Mahl-, Öl- und Walkmühlen. Aber auch eine Schnupftabak- und Pulvermühle fand man hier.

Während die Hütten und der Stahl- bzw. der Eisenhammer zur Stahlherstellung dienten, somit also zur Montanindustrie zugerechnet werden konnten, gehörte der Reckhammer zur weiterverarbeiteten Industrie. Auf ihm wurden Stäbe zu Bandeisen für Holz- und Weinfässer gereckt. Daher auch der Name. Aber auch Sensen, Schaufeln, Hacken, Äxte und weitere Geräte wurden auf ihm hergestellt. Der Reckhammer fiel pro Minute 120 bis 200 mal. Dagegen war die Schlagzahl beim Eisenhammer viel geringer, dafür hatte er eine größere Wucht, denn er war viel schwerer.

Es wurde eine erstaunliche Zahl von Gewerbetreibenden aufgeführt, die alleine der Ort Hilchenbach hatte: „10 Schenkwirthe, 7 Gastwirte, 6 Bierbrauer, 1 Köhler, 2 Metzger, 2 Müller, 4 Schlosser, 4 Kleinschmiede, 8 Krämer, 2 Hufschmiede, 4 Drechsler, 2 Schreiner, 1 Zimmermann, 9 Schuster, 5 Schneider, 52 Leinweber, 1 Wagner, 4 Küfer, 8 Maurer, 2 Strohdecker, 2 Weißgerber, 5 Rotgerber, 3 Strumpfweber, 10 Fuhrleute, 4 Blaufärber, 2 Wollenweber, 3 Leimsieder, 1 Löffelmacher, 4 Sattler, 1 Silberschmied und 1 Uhrmacher."

Im Ferndorftal herrschte seinerzeit eine sehr rege Betriebsamkeit, wie nur an wenigen Stellen im Siegerland. So wurden in den 735 Einwohner zählenden Ort Hilchenbach alleine 10 Mühlen mit einem Wasserrad angetrieben. Hämmer gab es erst ab Haarhausen, wo auch im Sommer die benötigten Wassermengen vorhanden waren, denn man brauchte hierbei größere Kräfte als bei einer Mühle. Deswegen sollte auch die Trasse der Eisenbahnlinie Siegen Hagen 1857 das Ferndorftal durchschneiden und dann über Müsen, dem Zentrum der Industrie des nördlichen Siegerlandes, laufen. Wilhelm Müller schrieb dazu in dem Buch „Ich gab dir mein Eisen wohl tausend Jahr" auf Seite 19: „Da wehrte man sich mit Händen und Füßen gegen solche Neuerung, ohne zu ahnen, dass damit das rasche Ende der Hütten und Hämmer im Rothenbach- und Ferndorftal programmiert und die Zukunft des Stahlbergs buchstäblich verbaut war. "

Bau der Sekundärbahn von Creuzthal nach Hilchenbach

Bereits bei der Planung der Ruhr-Sieg Eisenbahntrecke in den 1840er Jahren wurde eine Ostverbindung Richtung Marburg zur Diskussion gestellt. Die Verbindung Altenhunden - Marburg war zu kostspielig und wurde nicht weiter verfolgt. Zur Entscheidung blieben nun noch zwei in Betracht kommende Linien bestehen. Die eine führte durchs Siegtal über Netphen, Walpersdorf nach Laasphe, die andere ging durchs Ferndorftal über Hilchenbach, Lützel nach Erndtebrück. Es war kein Geld aufzutreiben und somit rückte die Anbindung ans Wittgensteiner Land in weite Ferne.

Das Ferndorftal mit seiner zahlreichen Industrie gab sich mit dieser Entscheidung nicht zufrieden. Der Dahlbrucher Fabrikant August Klein scheute keine Mühe und ließ 1870 das gesamte Frachtaufkommen dieser Gegend erfassen und eine Rentabilität über die Strecke Kreuztal - Hilchenbach errechnen. Er kam zu dem Ergebnis, dass täglich etwa 30 Waggons auf- und abwärts bewegt werden müssen (siehe beiliegende Auflistung). Da die Linie rentabel war, wurde ein Antrag zum Bau dieser Linie gestellt. Die Strecke wurde 1876 vermessen und die Baukosten mit

952.179,50 Mark beziffert. Wer nun glaubte, mit dem Bahnbau würde begonnen, sah sich getäuscht, denn es wurden keine Mittel von der Landesregierung zur Verfügung gestellt.

In Hilchenbach wurde nun eine Aktiengesellschaft, die „Creuzthal- Hilchenbacher Eisenbahngesellschaft',' gegründet. Ihre Statuten wurden 1881 mit dem Ziel verabschiedet, die Bahn von Kreuztal nach Hilchenbach zu bauen. Die Stamm - Actie betrug 500 Mark. Der Inhaber solcher Aktien war entsprechend mit Gewinn bzw. Verlust an der Bahnlinie beteiligt. Eine große Anzahl Aktien war in kurzer Zeit gezeichnet. Die Gebrüder Klein Dahlbruch kauften im Februar 1881 für 150.000.- Mark und die Stadt Hilchenbach für 60.000,- Mark Aktien. Hierdurch sah man, dass diese Gesellschaft fest entschlossen war, wenn keine staatliche Hilfe kam, eine Privatbahn zu bauen.Nun regten sich auf einmal hohe Instanzen und nahmen mit der Aktiengesellschaft Verbindung auf. Der Grund war, dass diese Bahnstrecke nicht privat, sondern besser als Staatsbahn gebaut würde. Es wurde ein Vertrag geschlossen, der vorsah, dass das Hilchenbacher Komitee die Grunderwerbskosten von 100.000,- Mark übernahm. Die Gesellschaft verpflichtete sich, die Linie nach erteilter Konzession zu bauen und mindestens zwei Züge für Personenverkehr in jede Richtung fahren zu lassen.

Am 31.08.1881 unterzeichnete in Berlin König Wilhelm von Preußen die Urkunde für den Bau dieser Strecke mit der Auflage, dass sie spätestens nach zwei Jahren in Betrieb sein muss. Mit der Linienführung gab man sich seinerzeit nicht viel Mühe. Man verlegte die Gleise von Ferndorf nach Hilchenbach einfach neben die Provinzialstraße, die heutige B508. Die Gleise überquerten in Ferndorf die Straße und liefen bis Dahlbruch auf der linken Seite. Kurz nach dem Dahlbrucher Bahnhof verlief der Strang bis nach Hilchenbach rechts der Straße. Von einigen nahestehenden Häusern wurde in Ferndorf das Strohdach, auf Kosten der Eisenbahn, in ein feuerfestes Dach ersetzt. In Ferndorf, Dahlbruch und Hilchenbach sind neue Bahnhöfe errichtet bzw. eingerichtet worden. Ferndorf musste 5.000,- und Dahlbruch hatte 8.000,- Mark für die Einrichtung der Bahnhöfe bezahlen müssen.

In Hilchenbach entstand bereits 1883, dank der großen Unterstützung der Stadt Hilchenbach, ein sehr eindruckvolles Stationsgebäude. Bevor die Bahn 1887 nach Erndtebrück weiter gebaut wurde, war Hilchenbach der Umschlagplatz für die Fuhrleute aus Wittgenstein. Der Hilchenbacher Bahnhof hatte seinerzeit einen Lokschuppen mit Lokstation, eine Kohlestation und bis 1937 eine Wasserstation. Es waren damals zwei Lokomotiven der Baureihe T3 stationiert, die zum Schiebedienst nach Lützel verwendet wurden. Die Königliche Bahnmeisterei Hilchenbach war eine Dienststelle erster Klasse und hatte 1907 ca. 30 Beschäftigte.An der Strecke wurde weiter in Stift Keppel eine Haltestelle und in Lohe und Allenbach lediglich Verladestellen errichtet. In Dahlbruch kam die erste „Locomotive" am 15.01.1884, drei Tage später meldete auch Hilchenbach das Eintreffen der ersten Lok. Die Steckenabnahme erfolgte am 25.01.1884 durch die Landesbahnpolizei.

Am 1. März 1884 wurde die Eisenbahnlinie Kreuztal - Hilchenbach feierlich eröffnet. Mit der ersten Fahrt ist auch der Abschied der Postkutsche aus dem Ferndorftal gekommen. Denn am Vorabend der Eröffnung sind zum letzten Mal die Töne des Posthorns erklungen. Der erste Zug fuhr um 2:05 Uhr reichlich beflaggt und mit Kränzen geschmückt von Kreuztal ab. Er wird in fast jedem Ort mit Bollerschüsse begrüßt. In Dahlbruch wurde der Zug, in dem viele Ehrengäste waren und unterwegs einstiegen, von der Jugend mit Gedichten und Gesang herzlich begrüßt. Aber auch Bergleute aus Müsen hatten in ihrer Knappenuniform Aufstellung genommen und den ersten Zug zünftig begrüßt. Man hatte zwischenzeitlich erkannt, dass bessere Transportbedingungen auch für den Müsener Bergbau notwendig waren. Vergessen waren die langen und schwierigen Verhandlungen der Gemeinde mit der Bahndirektion, die Dahlbruch keine Bahnstation zustehen wollte. Noch nicht vergessen hatte man damals, dass die Müsener es waren, die die Bahntrasse von Siegen nach Hagen, welche 1857 über Müsen – dem damaligen Industriezentrum des nördlichen Siegerlandes - geplant war, mit viel Aufwand, aber Erfolg verhindert hatten. Mit dieser Ablehnung hatte man, wenn auch ungewollt, die Beerdigung der Hütten und Hämmer im oberen

Ferndorftale und im Rothenbachtal eingeläutet. Aber auch der berühmten Grube Stahlberg in Müsen wurden durch diese Ablehnung enorme Wettbewerbsschwierigkeiten aufgebürdet.

In Ferndorf war das Interesse an der neuen Bahn nicht so groß, wie in Dahlbruch und Hilchenbach, denn in diesem Ort waren seinerzeit viele Fuhrunternehmen zu Hause. Durch die Eröffnung der Eisenbahnlinie wurden in Ferndorf vorübergehend 80 Personen arbeitslos. Gleich 1884 wurde, nachdem man das Sterben der Hütten und Hämmer im oberen Ferndorftal wegen fehlender Eisenbahnverbindung erlebt hatte, ein Schmalspurschienenstrang von Müsen zum Dahlbrucher Bahnhof in Betrieb genommen. Die Stahlberger Grubenbahn transportierte auf diesen Gleisen die gewonnenen Erze von den Gruben Stahlberg und Wilder Mann über den Bocherich und dem Hüttenweg zum Bahnhof. Die Wagen wurden hier auf eine hölzerne Rampe gezogen und in Güterwagen gekippt. Das Bähnche bzw. Juggelche, wie es auch im Volksmund genannt wurde, machte 1931 mit Stilllegung der Grube Stahlberg die letzte Fahrt.

Die Bahnlinie Kreuztal - Hilchenbach und zurück wurde anfänglich von vier Zugpaaren befahren. Ihre Geschwindigkeit betrug etwa 15 km die Stunde. 1880 sollte geprüft werden, ob die Geschwindigkeit auf den Straßenstrecken auf 20 km/h erhöht werden kann. Im Auftrag des Regierungspräsidenten wurde eine Prüffahrt durchgeführt. Danach wurde die Höchstgeschwindigkeit auf 30 km/h festgesetzt. Die Bahnlinie brachte für das Ferndorftal einen gewaltigen wirtschaftlichen Aufschwung.

Der Verkehr auf Straße und Schiene nahm immer mehr zu. Es erwies sich bald, dass es nicht gut überlegt war, die Bahngleise von Ferndorf bis Hilchenbach neben die Straße zu legen. Beim Herannahen des Zuges war zu beobachten, dass Fuhrwerke, zum Schutz gegen das Scheuwerden der Tiere schleunigst in eine Nebenstraße fuhren, oder dass die Insassen von Droschken vorübergehend ausstiegen. Eine weitere Gefahr war, dass die Dampfrosse schon mal Ströme von glühenden Kohlen aus dem Schornstein jagten. So ging damals ein Wagen voll Korngaben in Flammen. Da die Chaussee kein Trottoir und keine Straßenbeleuchtung hatte und der Autoverkehr zunahm, häuften sich die Unfälle und man suchte eine Ausweichmöglichkeit. Als neue Trassierung wurde die südliche Hanglage des Ferndorftales vorgesehen.

Die Begehung dieser neuen Strecke erfolgte am 20. März 1908. Die Kosten hiefür betrugen 2,4 Millionen Mark, worin auch die völlig neuen Bahnhöfe für Dahlbruch und Stift Keppel Allenbach waren.

Ein neues Problem entstand für Dahlbruch, es gab kein geeignetes Gelände für einen Bahnhof. Ein Bahnhof musste jedoch herbei, was auch inzwischen die Reichsbahn einsah, denn die Maschinenfabrik Gebr. Klein Dahlbruch war ein sehr bekanntes Unternehmen mit großem Umsatz. So wurde der neue Dahlbrucher Bahnhof auf Kredenbacher Gelände gebaut. Selbst heute – neun Jahrzehnte später - steht der Dahlbrucher Bahnhof immer noch auf Kredenbacher Gemarkung. Auch die Gebietsreform 1969 hat dies nicht bereinigt, es steht weiterhin ein Hilchenbacher Bahnhof auf Kreuztaler Territorium.

Eine Anbindung zum alten Bahnhof musste wegen dem „Bähnche", der Firma Klein und anderen Betrieben hergestellt werden. Aus diesem Grunde errichtete man einen über 20 Meter hohen Erdwall vom neuen Bahnhof rechtwinklig durchs Ferndorftal. Er stand wie ein Riegel in diesem Tal, mit einer Öffnung - die Brücke über die Frendorf. Ebenfalls Fuß- und Fahrwege führten über diesen Damm.

Auch die Gleise über diesen Damm mussten später, da sich eine lebhafte Begegnung in beiden Richtungen entwickelt hatte, aus verkehrstechnischen Gründen weichen. Es wurde eine Verbindung schräg durchs Tal über einen zusätzlichen Erdwall vom neuen zum alten Bahnhof angelegt. An der heutigen SMS Demag Einfahrt für LKW etwa führten diese Gleise bis in die 60er Jahre über die B508 zum alten Bahnhof.

Der Dahlbrucher Bahnhof hatte in der Vergangenheit, aber auch noch heute, einen recht bedeutsamen Wagenladungsverkehr aufzuweisen. Im Jahre 1928 verkaufte der Dahlbrucher Bahnhof für 121.902 Personen Fahrkarten. Und der Versand der Wagenladungen war in diesem Jahr 39.304 Wagen. Um 1960 hatte der Bahnhof noch einen Wagenumlauf von monatlich 500 Wagen.

In dieser Zeit wurden hier etwa 5.000 Fahrkarten verkauft. Im Gegensatz zu dem miserablen Zustand, wie der Bahnhof heute ist, war er einst ein Schmuckstück. Längst sind durch Aufschüttung des Tales und nachfolgend durch Industrieaufbauten die mächtigen Erdwälle verschwunden. Stellt man sich allerdings auf eine der Brücken und schaut in die Tiefe zum Ferndorfbach, so kann man sich eine Vorstellung von den mächtigen Erddämmen machen, die einst das Ferndorftal durchzogen.

Generalfeldmarschall Model wollte nach Stift Keppel

Im Vergleich zu den bombengefährdeten Großstädten wirkte das Mädcheninternat Stift Keppel in den ersten Kriegsjahren des zweiten Weltkrieges wie ein Ort des Friedens. Sicherlich gab es auch hier manchmal Alarm. Wenn man auch vorsichtshalber die Luftschutzbunker aufsuchte, zeigten die Mädchen kaum Unruhe oder Ängste. Man war der festen Überzeugung hier in Stift Keppel könnte uns nichts passieren.

Große Schwierigkeiten bereitete allerdings das Verdunkeln der sehr vielen unterschiedlichen Fenstern. Oft hörte man in der Dunkelheit die Worte

„Verdunkelung nicht in Ordnung," oder „Licht schnell ausmachen." Denn bei dem zu Ende gehenden Krieg flog fast jeden Abend der Eiserne Heinrich, wie der Volksmund dieses Feindflugzeug nannte, über das Ferndorftal. Überall wo er ein Lichtlein unter sich sah, ließ er eine kleine Bombe fallen. Er war bei der Bevölkerung so bekannt, dass man ihn an seinem Motorgeräusch erkannte.

Die Ruhe aber änderte sich plötzlich. Denn nachdem der größte Teil von Siegen am 16. Dezember 1944 durch einen gewaltigen Luftangriff in Schutt und Asche gelegt worden war, erklärte man Stift Keppel kurzerhand zum Hilfskrankenhaus. Auch ein Altersheim wurde in der Engelsburg untergebracht. Mit dieser plötzlichen Umstellung stellte man die Leitung des Stiftes vor sehr schwere Aufgaben. Es wurden sehr viele Kranke und Verletzte herbeigebracht. Aber es gab keine Betten und kein Bettzeug, ja es fehlte an allem. Von allen Seiten kamen Spenden, besonders aus der Bevölkerung kamen enorme Wäschespenden, aber es reichte noch nicht für das Notwendigste. So wurden notgedrungen die Sachen von den Internatsschülerinnen genommen. Alle im Hause wurden zur Krankenpflege herangezogen, denn es fehlte auch an ausgebildetem Personal.

In diesen schweren Tagen bekamen die Verantwortlichen des Stiftes noch Drohbriefe von Deutschen und Ausländern. „Man wollte uns bei den Amerikanern als „Nazisten" und „Kapitalisten" anklagen, wenn wir nicht das Feld freiwillig räumen würden." Glücklicherweise war man sich einig auszuharren. Denn wo sollten sie mit dem Lehrpersonal, den Schülerinnen und den alten Leuten in dieser erbärmlichen Lage hin? Zuvor war nämlich der strenge Befehl ausgegeben worden, Stift Keppel komplett zu räumen und irgendwo im Sauerland Unterkunft zu suchen. Bestimmt war der Hintergedanke bei diesem Befehl, dass Generalfeldmarschall Walter Model mit Mannschaft hier einziehen könnte.

Erst als das Marienhospital einige ältere Nonnen schickte, die als Krankenschwestern ausgebildet waren, legte sich die allergrößte Not. Die ärztliche Versorgung übernahm der junge Kölner Arzt Dr. Fritz Drouve. Er wurde unmittelbar nach dem Zusammenbruch praktischer Arzt in Dahlbruch. Später wurde ihm noch Fräulein Dr. Hagemann und Praktikantinnen zugewiesen. Die eingelieferten Patienten bildeten ein buntes Völkergemisch aus Deutschen, Russen, Franzosen, Polen, Holländern und Italienern. Es gab enorme Einschränkungen, die aber von allen großzügig hingenommen wurden. Der Unterricht fand in den Luftschutzkellern statt. Da keine Züge mehr fuhren und die Zahl der internen Schülerinnen sich verringert hatte, gab es ab Anfang März 1945 keinen Unterricht mehr. Wegen des ständigen Beschusses wurde in den Luftschutzräumen geschlafen. Schülerinnen und Lehrpersonal waren trotz vieler Unannehmlichkeiten zu einer engen Familiengeneinschaft zusammen gewachsen.

Ein ganz großes Unheil schwebte aber immer noch über Stift Keppel, denn Generalfeldmarschall Model wollte in Stift Keppel sein Hauptquartier aufschlagen! So tauchte öfters ein Major mit Begleitern auf, um die Gegend und das Stift für die Eignung zu erkunden. Walter Model war während des zweiten Weltkrieges Oberbefehlshaber verschiedener Armeen und Heeresgruppen. Er galt unter den Offizieren als Anhänger Hitlers und wurde in deutschen Stäben auch „Hitlers Feuerwehrmann genannt." Glücklicherweise hat Model sein Quartier nicht nach dem Stift verlegt. Somit ist Keppel, ja ich glaube sogar das ganze Ferndorftal, von unvorstellbarem Gemetzel verschont geblieben. Nachdem Model genug Unheil angerichtet hatte, beging er am 21. April 1945 in der Nähe von Düsseldorf Selbstmord.

Aber Keppel wurde plötzlich auch Hauptverbandsplatz. An den Ostertagen 1945 wurden die ersten Verwundeten eingeliefert. Zwei Tage später kam ein komplettes Lazarett mit Ärzten, Sanitätern, Verletzten und Einrichtungen angerollt. Sie waren auf der Flucht, hatten keine Zeit ihre Toten unterwegs zu beerdigen und brachten sie mit ins Stift. Noch einmal musste an die Hilfsbereitschaft appelliert werden. Die letzten Handtücher, Bettbezüge, Decken, Kissen usw. wurden hergegeben. Viele Verletzte wurden auf Bahren aus den Wäldern herangetragen. Es fehlten aber Medikamente, Verbandsmaterial usw.. An diesem Elend wurde auch bald dem

Letzten klar, dass der Zusammenbruch immer näher rückte. Drei Tage später wurde der Verbandsplatz weiter nach Osten verlegt. Denn die Amerikaner rückten näher, was man an dem Artilleriefeuer merkte. Nur die Toten, die in der kühlen, alten Stiftskirche aufgebart waren ließ man zurück. Aber auch einige Soldaten, die im Sterben waren, blieben im Stift.

Und die Anzahl der mitgebrachten Toten und Sterbenden war beachtlich. Zeuge hierfür ist ein Gräberfeld auf dem Allenbacher Friedhof mit schlichten aber sehr schönen wirkungsvollen Betonkreuzen. Das Feld ist in vier Grabreihen sauber mit ie 12 Kreuzen angelegt worden Es sind zurzeit nur noch 36 Kreuze vorhanden. Bei den 12 fehlenden, die jeweils eine Lücke bilden, haben bestimmt die Angehörigen die Gebeine umbetten lassen. Auf den Kreuzen steht nur der Name sowie das Geburts- und Sterbedatum. Es sind nur männliche Personen mit deutschen Namen, die fast alle in den ersten Apriltagen 1945 verstorben sind und ewiges Ruherecht haben.

Da das Hilfskrankenhaus immer größer wurde, denn es hatte zwischenzeitlich etwa 100 Betten, beschränkte sich das Internat auf den Neubau. Vor der Heizung im Keller war ein alter Herd aufgestellt worden, wo fürs Internat gekocht wurde. Gewaschen wurde in der Hausmeisterwohnung, denn die Waschküche war auch von dem Krankenhaus beschlagnahmt worden. Die Lehrkräfte mussten jetzt zeigen, dass sie nicht nur Unterrichten konnten. Die Turnhalle wurde schon lange als Lebensmitteldepot von der Siegener Firma Spannagel belegt. Die elektrischen Leitungen waren zerstört, so dass es keinen Strom mehr gab. Bei der Versorgung der Verletzten halfen die älteren Schülerinnen mit oder sie mussten zu Aufräumarbeiten nach Siegen oder Weidenau. Die jüngeren Mädchen erfreuten die Kranken durch Liedbeiträge oder Vorlesungen. Die Beisetzung der Toten erfolgte immer in den frühen Morgenstunden bevor die Tieffliegerangriffe einsetzten.

Am 8. April 1945, es war der Sonntag nach Ostern, bekam Allenbach den ganzen

Morgen Artilleriebeschuss, welches gegen Mittag heftiger wurde. Aus den südlichen Wäldern kamen danach um 14°° Uhr amerikanische Truppen nach Keppel angerollt. Die Besetzung des Stiftes verlief ohne Zwischenfälle. Bereits am darauffolgenden Montag verließen die Amerikaner das Stift wieder für einige Tage. Es waren friedliche Tage ohne Alarm und Beschuss. Alle waren lufthungrig nach dem langen Kelleraufenthalt. Nun fühlten sich die vielen Ausländer als die Herren und man merkte wer die Besiegten waren, denn die Gefangenen hatten sogar vorübergehend Plünderungsrecht.

Stollenwasser linderte die Trinkwassernot

Die alten Bauernhäuser im Siegerland hatten seinerzeit alle in Form einer Brunnenanlage ihr eigenes Wasser. Später baute sich dann jedes Dorf bzw. Gemeinde ne selbstständige Wasserversorgung. Diese waren jedoch den steigenden Anforderungen an die Qualität des Trinkwassers und vor allem dem steigenden Verbrauch bedingt durch Bevölkerungszuwachs und Industrialisierung, nicht mehr gewachsen. Die Anlagen wurden fast alle durch Grundwasser gespeist. Deshalb musste versucht werden, die Wassergewinnung zu verbessern und sie langfristig zu sichern.

Die Stadt Siegen konnte bereits im Jahre 1880 die Wasserversorgung für ihre Bürger auf eigenem Boden nicht mehr sicherstellen. Aus diesem Grunde legte man in den Jahren 1888 bis 1892 aus den Quellgebieten der Täler Afholderbach, Obernau und Sohlbach eine Fernwasserleitung von 25 km bis nach Siegen, die etwa bis 1910 ausreichend war. Zwischen Dreis-Tiefenbach und Netphen baute man 1913 noch ein Grundwasserpumpwerk mit acht Filterbrunnen. Im Jahre 1940 wurde noch Grundwasser aus der 1923 stillgelegten Eisensteingrube Pützhorn hinzugenommen. Der Wasserzufluss war so groß, dass bei einer Entnahme von 200 bis 300 cbm der Wasserspiegel im Schacht nur wenig absank. Da dieses Wasser lange Sickerwege durch das Gestein hatte, war es sehr mineralisiert und wurde durch eine besondere Filteranlage aufbereitet. Durch Mineralisierung und den langen Gesteinsweg war dieses Grundwasser bakteriologisch völlig keimfrei, so dass es zu den wenigen im Bundesgebiet gehörte, das nicht gechlort werden brauchte.

Auch in anderen Gemeinden machte das Beispiel Siegen Schule, die Wasserversorgung durch Hinzunahme von Grubenwasser sicher zu stellen. So sicherten unter anderen nun auch die Gemeinden Niederschelden, Rudersdorf, Salchendorf, Müsen und Dahlbruch ihren Wasserbedarf durch Wasser von stillgelegten Gruben oder Stollen aus der Nachbarschaft. Diese Erfolge ließen einen neuen originellen Plan entstehen. Man wollte aus den unterirdischen Speichern das Wasser in Großbehältern sammeln und sie durch eine neue Ringleitung, die das ganze Siegerland umspannte, verbinden. Auf diese Weise würden weitere Hohlräume der Gruben, deren Wassermengen einst die Förderung des Eisensteins sehr erschwert haben, dann noch eine positive Seite bekommen. Da man aber nicht wusste, ob das eine oder andere Bergwerk, auf Grund neuer Schürferkenntnisse, vielleicht eines Tages wieder in Betrieb genommen würde, verfolgte man diesen Plan nicht weiter. Festzuhalten bleibt noch, dass das Stollenwasser manche Gemeinde im Siegerland vor dem drohenden sommerlichen Wassermangel bewahrt hat.

Am 9. September 1953 wurde der Wasserverband Siegerland von 51 Gemeinden gegründet. Es war ein historischer und bedeutender Tag für das Siegerland.

Obwohl Siegen als erster Ort im Siegerland Schwierigkeiten mit der Trinkwasserversorgung hatte, zählte es nicht zu den Gründungsmitgliedern und hat somit auch keinen Beitrag für den Grundstock geleistet. Alle Versuche der Gründungsgemeinden, einen Ausgleich für den Beitrag des Grundstockes, den sie bezahlt hatten, später zu bekommen, scheiterten. Denn bei einer Abstimmung im Wasserverband Siegerland zählen die Einwohner der einzelnen Städte bzw. Gemeinden und Siegen hatte und hat nun mal mit Abstand die meisten Bürger. Der

Verband beschloss, das bisher ungenutzte Oberflächenwasser zu nutzen. Durch das geringe Gefälle von den Bergen und die Besiedlung der meisten Täler konnte keine Großtalsperre geplant werden.

So wurde zwischen 1954 und 1956 die Breitenbachtalsperre gebaut (2,6 Millionen m³ Wasserinhalt, 70 km Transportleitungsnetz, 8 Hochbehälter, 200 km Ortsleitungen). 1967 wurde mit dem Bau der Obernautalsperre begonnen. Sie ist 1972 fertig gestellt worden und fast 15 Millionen m³ Wasser. Ihr Damm ist 60 m hoch und hat eine Länge von 300 m. Unten ist er 280 m breit und verjüngt sich zur Krone auf etwa 12 m. 1975 erfolgte der Endausbau der Breitenbachtalsperre. Dabei wurde der bisher 29 m hohe Steindamm mit Lehmkernverbindung um 12,5 m aufgestockt. Gleichzeitig erhielt die Talsperre auch einen Wasserentnahmeturm. Der Stauinhalt wurde hierdurch auf 7,8 Mil. m³ erhöht. Erwähnenswert ist noch der Bau von den beiden Überleitungsstollen zur Obernautalsperre. Durch zwei Rohrleitungen im Berg, dem Siegstollen von 2.900 m Länge und dem Sindenbachstollen mit 800 m, wurde das Einzugsgebiet dieser Sperre fast verdoppelt, und zwar von 11,3 km² auf 21,5 km².

Die Planung einer dritten Talsperre ist seinerzeit vom Wasserverband in Erwähnung gezogen worden. Als möglicher Standort sind das Elberndorftal bei Altenteich und das Truftetal bei Berghausen in der Diskussion gewesen. Ob diese Talsperre noch gebaut wird, ist ungewiss, denn die Bevölkerung und die Industrie haben sich nicht so entwickelt , wie man es vor 50 Jahren annahm.

Der Wasserverband Siegerland beliefert heute die 11 Städte und Gemeinden des Kreises Siegen-Wittgenstein, d. h. rund 280.000 Einwohner mit hervorragendem weichem Wasser und einen Teil unserer heimischen Industrie. Hierzu bedient er sich zweier Talsperren und rund 100 kleiner örtlicher Gewinnungsanlagen, die zum größten Teil noch von den ehemals 169 selbstständigen Gemeinden unseres Kreises übernommen worden sind.

5. Florenburger

Jung-Stilling nannte sie Florenburger

Der Ort Heylichinbach (Hilchenbach) wird erstmals im Jahre 1292 in einer Urkunde des Nonnenklosters Keppel erwähnt. Da von einem Ort gesprochen wird, muss und hat die erste Besiedelung von Hilchenbach schon früher stattgefunden. Um 1325 wird Hilchenbach selbstständiges Kirchspiel, Verwaltungsmittelpunkt und erhält den Sitz des Niedergerichts. König Wenzel belehnt die Grafen zu Nassau 1384 mit einem Freistuhl, ein so genanntes Freigericht auf der Ginsburg. Leider bekam es die Gerichtsbarkeit im Jahre 1976 zu Gunsten von Siegen aberkannt. Das Wappen der Stadt Hilchenbach zeigt im blauen Wappenschild einen gelben (goldenen) Wolf, was ein altes Schöffensiegel war. Hieraus lässt sich erkennen, welche Bedeutung die Gerichtsbarkeit einst hier hatte. Sehr früh hatte Hilchenbach schon einen eigenen Pfarrer. Der älteste bekannte Pfarrer war Dominus Walram plebanus zu Helchenbach Anno 1328. Im Jahre 1342 erscheint der Nachfolger im Amte, es war Pfarrer An selm zu Heylchenbach. Wenn man so weit in die Vergangenheit geht, ist es ganz natürlich, dass man oft Unterlagen über Pfarrer findet. Diese waren nämlich, im Gegensatz zu der Bevölkerung, des Schreibens damals mächtig. Die Familie Kolbe von Wilnsdorf ist in alter Zeit in Hilchenbach sehr begütert gewesen. Auch das Geschlecht derer von Holdinghausen hat hier viel besessen. Johann von Holdinghausen hat 1365 Haus und Hof zu Hilchenbach an Heinrich von Haiger verkauft. 1466 hatte Hilchenbach 47 Häuser und ca. 300 Einwohner. Die damaligen Straßen hießen „im Bruch", „vfm Damm" und „in der Gasse", die alle von unterhalb der Veitkirche gelegenen Marktplatz ausgingen. Welch herrliche Planung, vor weit über einen halben Jahrtausend, die heute noch Bestand hat und die Stadt noch immer prägt. Diese drei Straßen mit dem Markt sind heute noch vorhanden und haben alle offiziell bis auf die Gasse noch ihren alten Namen behalten. Aber die Gässener sind trotz Änderung ihres Namens in Schützen Strasse bei den alten Hilchenbachern noch im Sprachgebrauch.

Da baute man einst im Westen, wo der Marktplatz etwas ansteigt, auf einen Hügel die Veitkirche, die höher stand, wie alle Häuser seinerzeit. Ausgrabungen haben ergeben, dass die erste Kirche hier bereits um das Jahr 1000 errichtet worden ist. Hieraus geht hervor, dass Hilchenbach wesentlich älter ist, wie zu Beginn des Berichtes mit der ersten Erwähnung von Anno 1292. Von diesem auch heute noch wunderbarem Marktplatz aus baute man später noch weitere Straßen, so dass dieser Markt das wichtigste Kommunikationszentrum war und bis heute geblieben ist und es in Zukunft auch bleiben wird.

Im Jahre 1488 besaß die Familie von Bicken, die ein sehr wohlhabendes Geschlecht war, den Zehnten an Heugeld und Hühnergefälle in Hilchenbach. Es waren regelmäßig ein Zehntel der Erträge von Ackerbau und Viehzucht, die abgegeben werden mussten. 1565 wurde festgehalten, 6 Malter Korn, 10 Malter Hafer, 3fl. (Floren – so hieß der Goldgulden, damals) Heugeld und von jedem Hause ein Huhn, im Ganzen 60 Hühner. Somit waren damals 60 Häuser mit etwa 400 Einwohnern vorhanden.

Das augsburgische Bekenntnis wurde vom Grafen Wilhelm dem Reichen zwischen 1530 und 1539 eingeführt. Sein Nachfolger, Wilhelm der Ältere, setzte das reformierte Bekenntnis durch. Johann Tiefenbach war der erste evangelische Geistliche. Während überall in dem Nassau-Siegenschen Lande ein bunter Religionswechsel folgte, blieb Hilchenbach in der Religionsausübung ungestört. Die Florenburger, wie Jung-Stilling sie immer nannte, hatten bereits Ende des 16.Jahrhunderts eine Schule. Der erste bekannte Lehrer war Heinrich Schmitt von 1613 bis 1631. Graf Wilhelm erhielt 1623 das Kirchspiel Hilchenbach. Nach einem Erbfolgestreit wurde es 1649 dem Grafen Johann Moritz zugesprochen, der 1653 seinen Neffen Wilhelm Moritz zum Mitregenten machte. Im selben Jahre befasste sich das Gericht zu Hilchenbach mit einem der letzten großen Hexenprozesse. Alle 18 Angeklagten wurden für schuldig befunden und zu Tode verurteilt. Das Urteil wird wohl auf dem Berg oberhalb des Gerichtes durch Enthauptung und

Verbrennung durchgeführt worden sein. Auf diesem Berge wird bestimmt auch mal ein Galgen gestanden haben, denn der Berg heute noch Galgenberg heißt.

Das Dorf Hilchenbach wurde am 1. Mai 1687 von Wilhelm Moritz zum Flecken erhoben und mit Fleckenrechten, Gerechtigkeiten und selbstständigen Freiheiten bedacht. Es erhielt somit Stadtrechte und konnte ab diesem Zeitpunkt seine Bürgermeister selber wählen, Märkte abhalten und Steuern selbst einnehmen. Aber auch von allen Frondiensten und so mancherlei Abgaben wurden sie befreit. Für diese Fleckenrechte müssten sie 6200 Reichstaler an den Fürsten zahlen. Ein wirklich stolzer Preis! Die Hilchenbacher bekamen damit auch das Recht, sich Burgen ähnlich mit einer Ring- bzw. Stadtmauer gegen unerwünschte Eindringlinge, Krieg, Seuchen usw. zu schützen, und aus Einwohnern wurden Bürger. Fremde wurden, z.B. in diesem Flecken nur aufgenommen, wenn ihre eheliche Geburt und ein guter Leumund nachzuweisen war. Weiterhin wurden dabei vom Mann 10 und von einer Frau 5 Reichstaler verlangt und ein lederner Eimer war mitzubringen. Wenn auch nie eine Stadtmauer um Hilchenbach gewesen ist, so haben sie sich doch das Recht dazu erkauft.

Der Gulden von Deutschland, von dem später auch der Taler abgeleitet wurde, ist eine Nachahmung vom Florenzer Floren, der erstmals 1252 geprägt wurde. Die Goldmünze der Gulden hatte daher früher bei uns auch noch die Abkürzung fl. (Floren). Die Hilchenbacher hatten Floren, somit durch Floren sich Burgen ähnliche Verhältnisse zu schaffen erkauft. Mit großer Wahrscheinlichkeit nannte sie Jung - Stilling aus diesem Grunde auch immer Florenburger. Der Stadt hatte damals ungefähr 550 Bewohner und 77 Häuser. Am 1. Mai 1689 brach am Nachmittag bei der Bürgermeisterwahl in der fürstlichen Burg infolge einer Explosion ein Feuer aus. Die Feuersbrunst war so gewaltig, dass bereits am selben Abend der ganze junge Flecken bis auf vier Häuser in der Gasse und ein Haus auf dem Damm in Schutt und Asche lag. Die Hitze war so groß, dass sogar die Glocken der Kirche geschmolzen sein sollen. Mit dem Wiederaufbau im selben Jahr wurde noch eine neue Schule gebaut, die deutschen und lateinischen Unterricht gab. Im Jahre 1737 entstand, getrennt von den Kirchspielschulen, eine „Freie-Flecken-Schule".

1776 wurde der Gerichtsbezirk Hilchenbach durch die Kirchspiele Krombach und Ferndorf, sowie die Orte Hillnhütten, Hof Maustal, Hof Buchen und Herzhausen aus dem katholischen Netphen erheblich vergrößert.

Anno 1787 waren in Hilchenbach folgende Zünfte vorhanden:

1. Bierbrauer, Wirte, Bäcker und Metzger.
2. Rot- und Weißgerber, Schuhmacher und Sattler.
3. Leinewerker und Müller.
4. Fassbinder, Zimmerleute und Schreiner.
5. Kleinschmiede.
6. Stahlschmiede.
7. Stahlmassenbläser.
8. Wollenweber.
9. Krämer, Schneider und Glaser.

Zur besseren Ausübung der Fleckenrechte wurden ab dem Jahre 1792 je zwei Abgeordnete aus den vier Ortsteilen des Dämmer-, Gässener-, Müller- und Kirchhöferbezirks gewählt.

In Hilchenbach standen 1794 120 Häuser und es hatte über 800 Bewohner. Unter französische Herrschaft kam es 1807 und bildete etwa in der heutigen Größe die Munizipalität Hilchenbach. Es gehörte zum Kanton Netphen und Arrondissement Siegen. Marie war auch der spätere Bürgermeister Reifenrath. Nachdem die französische Beherrschung 1813 endete, erhielt Prinz von Oranien Wilhelm Friedrich das Siegerland zurück, trat es aber 1815 an Preußen ab.

Bereits 1817 wurde bei den Florenburger die Bürgermeisterverwaltung eingeführt und 1836 die Städteordnung. Das Magistratskollegium wird 1837 gegründet. Ab nun wurde die Stadt vom Magistrat verwaltet und von der Stadtverordnetenversammlung, die aus neun Personen bestand, vertreten.

Im Jahre 1839 wurde die alte St.- Veitkirche, da sie zu klein und baufällig war, abgebrochen. Die Grundsteinlegung zur neuen Kirche fand am 24. April 1844 statt. Zuvor hatte der König Friedrich Wilhelm IV. die Zeichnungen hierfür selbst geprüft und verbessert. Er hatte nämlich die alte Kirche als Kronprinz am 16. Oktober 1833 nach Pflanzung der Kronprinzen Eiche in Augenschein genommen. Am 17. Dezember 1846 erfolgte die Einweihung. Zwei Tage nach der Grundsteinlegung am 26. April 1844 wurde Hilchenbach von der zweitgrößten Brandkatastrophe in seiner Geschichte getroffen. 40 Gebäude und das städtische Schulhaus wurden vollkommen vernichtet. 47 Familien wurden damals obdachlos. Nach einem neuen Bebauungsplan wurden die Häuser wieder aufgebaut. Es entstand die nördliche Marktseite bis einschließlich der Rotenberger Straße.

Hilchenbach hatte früher auch eine gewerbliche Fortbildungsschule. Eine besondere Beachtung bekamen die Florenburger durch das Lehrerseminar. Die Einweihung des gewaltigen Seminar Gebäudes, was den Ort einst schlossähnlich überragte, fand am 18. Oktober 1877 statt.

Bürgerwehr wird in Hilchenbach gegründet

Im Sturmjahr 1848, so nannte man einst das Jahr, in dem die deutsche Revolution scheiterte, standen auch zwei Siegerländer mit an der Spitze dieser demokratischen Bewegung. Beide waren Landärzte, die das bittere Elend der Menschen täglich erlebten. Es war Dr. Ernst Ungewitter aus Krombach und Dr. Hermann Romberg aus Hilchenbach.

Hermann Romberg wurde am 22. Mai 1812 in Delitzsch bei Leipzig geboren. Nicht lange nach seiner Geburt geriet der Vater in russische Gefangenschaft, aus der er sich durch eine kühne Flucht befreite. Hermann besuchte als Knabe das Friedrich-Wilhelm-Gymnasium in Köln. Sein Vater war zu dieser Zeit als Kapellmeister beim preußischen Infanterie-Regiment Nr. 16. Von 1832 bis 1839 studierte Romberg in Bonn und Berlin Medizin. Den Doktorgrad erwarb er in Bonn und ließ sich 1839 als praktischer Arzt in Hilchenbach nieder.

Als Primaner lernte er Robert Blum kennen. Sie wurden Freunde. Blum war einer der bekanntesten Männer im ersten deutschen Parlament, der Nationalversammlung in der Paulskirche zu Frankfurt, und einer der bekanntesten Republikaner der deutschen Märzrevolution.

Als im Herbst 1848 der Volksaufstand in Wien von kaiserlichen Truppen niedergeschlagen wurde, war Blum als Berichterstatter für Zeitungen dort. Er wurde gefangen genommen und vor ein Kriegsgericht gestellt, vor dem er seine Überzeugung und sein Handeln mannhaft bekannte und verteidigte. Er wurde verurteilt und eine Stunde später am Morgen des 9. November hingerichtet.

Dr. Romberg, der junge Mediziner, war schon acht Jahre in Hilchenbach tätig, als Blum erschossen wurde, was ihn tief getroffen hatte. Seine Landpraxis war nicht einfach zu führen, denn sie führte bis ins Sauerland. Mit dem Pferde wurden die Krankenbesuche durchgeführt.

Bei Romberg, der als Arzt mehr Armut, Elend, Unterdrückung und Ungerechtigkeit als die meisten Menschen gesehen hatte, wurde der Gedanke an Demokratie und Freiheit für das deutsche Volk immer größer.

So organisierte er für den 22. März im Sturmjahr eine Volksversammlung in Hilchenbach auf dem Marktplatz. Er hätte ein viel besseres Leben haben können, denn er neben den Armen auch die Wohlhabenden vom Ferndorftal behandelte. Aber der Wert von Gerechtigkeit war bei ihm höher. In den Augen von Hilchenbachs

Bürgermeister Schmitt war Romberg von den radikalsten, demokratischsten Gesinnungen beseelt. Er war nach den Begriffen der Zeit ein Republikaner, mithin ein Linker, wie sein Freund Blum. Der Hilchenbacher Gemeindeschöffe berichtete dem Landrat, dass durch das energische Benehmen mehrerer wohlgesinnter Bürger das Rombergische Vorhaben vereitelt wurde. Denn viele Bürger, auch aus anderen Gemeinden, hatten sich schon auf dem Marktplatz in Hilchenbach versammelt und wurden zur Rückkehr bewogen.

Romberg blieb jedoch unter besonders sorgfältiger Beobachtung der Obrigkeit. Trotzdem behielt er großes Vertrauen auch durch seine Fähigkeiten als Arzt in den Gemeinden. Aber man hatte Angst vor den drohenden Zuständen der damaligen Zeit und vor ihm. Aus diesem Anlass rief der Magistrat von Hilchenbach (Stadtrat) am darauf folgenden Tage zur Bildung eines Schutzvereins aller waffenfähigen Bürger auf. Das revolutionäre Verhalten von Romberg war Anlass zur Gründung der Bürgerwehr zu Hilchenbach. Aber auch in anderen Gemeinden des Ferndorftals ist eine Bürgerwehr damals ins Leben gerufen worden.

Zu Rombergs vielseitigen geistigen und künstlerischen Fähigkeiten gehörte auch die musikalische Begabung. Kurz nach der Niederlassung in Hilchenbach gründete er bereits 1841 den Männergesangverein, die Liedertafel Hilchenbach, dessen Dirigent er war. Es waren nicht nur Hilchenbacher, sondern Männer aus dem weiteren Ferndorftal hier aktiv. „Der Liedertafel selbst konnte man nichts nachsagen, denn ihre Ziele waren gut", so der Bürgermeister Schmitt. „Es ist jedoch unzweifelhaft, dass der Führer und Stifter der Liedertafel, Dr. med. Romberg, hier selbst von der radikalsten Gesinnung beseelt ist, und dass alle jungen Leute dieser Stadt, welche der demokratischen Gesinnung verdächtig sind, als Mitglieder bzw. Ehrenmitglieder der Liedertafel angehören." Die Proben und öffentlichen Aufführungen fanden im großen Saal von Stift Keppel statt und waren für das ganze Ferndorftal stets ein Ereignis.

Romberg war auch ein Meister der Sprache und Poesie. Er schenkte der Liedertafel zum 25jährigen Bestehen und dem Siegerland 1866 ein Lied von besonders tiefer Empfindung. Er hat es selbst gedichtet und komponiert. Es ist erstaunlich, dass so etwas einem Manne gelang, der nicht im Siegerland geboren war, aber doch ein echter „Seejerlänner" geworden ist. Besonders eindrucksvoll ist dieses Lied 1866 in der hell erleuchteten und geschmückten Halle der Sohle sieben in den damals berühmten Müsener Stahlberg zum ersten mal aufgeführt worden. Als der verehrte Oberbergrat Nögerraht mit vielen Gästen aus dem Rheinland die Halle betrat, kam Romberg überraschend für alle aus dem Versteck und es klang prächtig und herzzerreißend durch die Halle das Siegerland Lied, was vierstimmig von der Liedertafel vorgetragen wurde: „ Kennt ihr das Land, auf dessen Höh'n die starken Eichenstämme steh'n, darunter in dem dunklen Schacht das Erz im hellen Schimmer lacht …."

Seinen Zeitgenossen hat Romberg sehr viel geschenkt, was heute unmöglich wäre. Er sprach unter anderen vor Lehrerschaften über Pestalozzi, Georg Washington und über den Sozialismus. Er konnte auch sehr gut malen, was Bilder von Hilchenbach noch heute bekunden. Aber auch zu den bedeutenden Dichtern seines Jahrhunderts zählte Hermann Romberg auch andere. Der bedeutendste unter Ihnen war der Lehrersohn Jacob Heinrich Schmick, der am 27. August 1824 in Unglinghausen geboren wurde. Er erhielt 1874 vom Kultusminister aufgrund seiner literarischen Tätigkeit den Professorentitel, den Doktortitel hatte er bereits vorher erworben. Aber auch Gustav Hartmann, der am 6. August 1864 in Eiserfeld als Sohn des Grubenbesitzers Johannes Hartmann geboren wurde, gehörte zu den großen der Poesie.

Dem großen Mitstreiter der Demokratie im Siegerland, Dr. Ungewitter widmete sein Freund Romberg zum 50jährigen Arztjubiläum am 28. Mai 1874 ein Gedicht. In dem ersten der vier Verse heißt es am Ende: „Sennenmannes Feind war er, ihn bekämpfte er 50. Jahr. Und besiegte wunderbar, oft den bösen Schnitter, dieser Doktor Ungewitter."

Der Siegerländer Dichter Schmick war auch ein überzeugter Demokrat mit Romberg eng befreundet und Mitglied von der Liedertafel Hilchenbach. Schmick, Dichter der „Riimcher uß d'm Seejerland ", hat einmal zu Rombergs Sohn Pastor Friedrich Romberg, als sie über das Revolutionsjahr sprachen, gesagt: „Was ihr Vater gewollt und erstrebt hat, ist immer das Beste und einzig Richtige gewesen. Ich habe ihren Herrn Vater besser gekannt als jeder andere, seine eigenen Söhne nicht ausgenommen." Der zweite Sohn war der 1908 in Ferndorf verstorbene Superintendent Pastor Hermann Romberg.

Romberg starb am 29. Juni 1877. Schmick würdigte den großen Sohn des Siegerlandes in tief empfundener poetischer Weise. Zum Schluss des fünften Verses heißt es: „ In Hilchenbach im Ferndorftale wird lange noch die Rede geh'n. Es perlte voll der Freude Schale, zu Rombergs Zeit, da war's noch schön".

Das Grabmal von Dr. Hermann Romberg, das heute noch auf dem alten Hilchenbacher Friedhof an der Rothenberger Straße erhalten ist, wurde von seinen Freunden errichtet. Auf dem unteren Teil der Grabsäule stehen folgende Worte von Prof. Dr. Schmick: „Allen höchsten menschlichen Zielen zustrebend, war er einen wenigen ein Schatz voller Freundschaft, vielen ein Quell veredelnder Freunde und Tausenden ein trostloser Helfer."

Das Siegerland

Kennt ihr das Land, auf dessen Höh'n
Die starken Eichenstämme steh'n,
Darunter in dem dunklen Schacht
Das Erz in hellem Schimmer lacht;
Wo felsenfest die Treue thront,
im Herzen lichter Glaube wohnt?
Kennt ihr das Land, kennt ihr es wohl?
Das schöne Land ist uns bekannt,

5. Florenburger

Es ist das treue Siegerland!

Kennt ihr das Land, wo früh und spät
im Wellentanz sich schwingt das Rad,
Die Funken sprühn bei Nacht und Tag
Im Takte pocht der Hämmer Schlag;
Es schlägt voll Liebe auch das Herz
für fremdes Glück, für fremden Schmerz?
Kennt ihr das Land, kennt ihr es wohl?
Das schöne Land ist uns bekannt,
Es ist ja unser Siegerland

Kennt ihr das Land, wo rein und hell
Im Wiesengrunde springt der Quell,
In grünen Matten zart und mild
Sich malt der Hoffnung süßes Bild;
Wo auch der schwerste Lebenslauf
Sich hoffend stärkt und ruft "Glück auf!"!
Kennt ihr das Land, kennt ihr es wohl?
Das schöne Land ist uns bekannt,
Es ist das frohe Siegerland!

Heil dir, o Land! Es fehle nie
Dir diese Lebensharmonie!
O bleibe immerdar dir gleich
An Glauben, Lieben, Hoffen reich!
Dann segnet Gott dich allezeit,
Er ist bei dir in Freud und Leid
Und schützt mit seiner Vaterhand
Dich, mein geliebtes Siegerland

Dr. Hermann Romberg 1866

Der Unglinghäuser Lehrersohn J. H. Schmick

Wenn über die bedeutenden Männer des Siegerlandes gesprochen wird, dann darf der Unglinghäuser Lehrersohn Jocob Heinrich Schmick nicht fehlen. Er wurde als erster Sohn von Heinrich Schmick am 27. August 1824 geboren. Sehr früh half er seinem Vater in der Schule und war als Knabe schon aushilfsweise Lehrer in Frohnhausen und in Herzhausen.

Bereits mit 20 Jahren bestand er in Soest die Lehrerprüfung mit der Note sehr gut. In Hillnhütten, was 1901 auf eigenen Wunsch nach Dahlbruch eingemeindet wurde, errichteten die Familien Böcking, Gießler und Meinhardt eine Privatschule und gewannen unmittelbar nach Prüfungsabschluss den jungen Schmick als Hauslehrer. Er wohnte im Hasse des alten Böcking, der mit dem großen Demokraten Dr. Hermann Romberg durch enge Freundschaft verbunden war. Im Hause Böcking hat Schmick auch Romberg, der mit an der Spitze der deutschen Revolution 1848 stand, kennengelernt. Gemeinsame politische Ideale sowie weitgehende geistige Interessen und dieselbe Liebe zur Heimat und Poesie woben bald zwischen beiden ein seltenes inniges Freundschaftsband.

Schmick wurde sogar Sänger in der Liedertafel Hilchenbach, dessen Gründer, Vorsitzender und Dirigent Romberg war. Wie zuerst die Turnerschaften so haben danach die Männergesangvereine mit Namen Liedertafel den Weg von Berlin aus in das deutsche Land gemacht. In diesen Vereinen sammelten sich Männer, die nach einem besseren, gerechteren und demokratischen Vaterland strebten. Die Freundschaft zu Romberg muss Schmick auch im August 1848 bewogen haben, sich um die neu gegründete Rektorratsschule in Hilchenbach zu bewerben.

Schmick war bis 1847 Privatlehrer und studierte dann weiter in Berlin Latein, Literatur, Sprachen und Realfächer. Zwischendurch 1848 war er Lehrer an der höheren Bürgerschule in Siegen und machte 1849 das Staatsexamen pro facultate docendi in Berlin. Anno 1850 gründete er in Kirchen eine private Rektorratschule. Ende 1851 wurde ihm diese Tätigkeit von der Regierung in Koblenz untersagt, weil er 1849 einem Freund in Berlin in einem Brief freimütig seine politischen Ansichten geäußert hatte und die reaktionären Zustände in Preußen verurteilte. Der Freund war bei einer kleinen Lokalzeitung, die wegen ihrer freien Haltung von der Regierung beobachtet wurde. Bei diesem Freund fand deswegen eine Hausdurchsuchung statt. Der zwei Jahre alte Brief von Schmick wurde hierbei gefunden und er musste Kirchen verlassen.

Er sah sein Fortkommen in Preußen unterbunden, ging nach England und Irland, wo er Anstalts- und Hauslehrer war. In London schloss er Freundschaft mit Ferdinand Freiligrath. Ging ein Jahr nach Paris und wurde 1857 Lehrer an der höheren Bürgerschule in Bremen, dann Görlitz und 1859 wieder in Bremen. Auf der Reise dorthin promovierte er in Jena. 1861 wurde Schmick Oberlehrer an der Realschule erster Ordnung in Köln. Zwei Jahre später heiratete er Elenore Böcking aus Hillnhütten. Aus dieser Ehe kamen Fünf Söhne und vier Töchter, von denen zwei früh starben.

Schmick war ein sehr hoch begabter Mensch von ungewöhnlicher Vielseitigkeit. Er schrieb Bücher über die Gebiete des Wissens, Denkens und das Leben. Er malte in Öl, zeichnete mit schwarzer Kreide und modellierte in Gips und Ton. Auch schnitzte er mit Holz, musizierte, dichtete viel und sprach und verstand sechs bis sieben Sprachen. Außerdem war er ein würdiger Demokrat, der jener Zeit weit voraus war.

Er zählte zu den großen Dichtern jener Zeit. So sind alleine über 100 Dichtungen von ihm ins Englische übersetzt worden. Man muss ihn auch zu den bedeuteten Siegerländer Buchautoren aller Zeiten rechnen. Einige wissenschaftliche Werke, die er schrieb: „Die Gezeiten“, „Sonne und Mond als Bilder der Erdschale“, „Die Umsetzung der Meere“, „Das Flutphänomen und sein Zusammenhang mit den säkularen Schwankungen“. Oder die Schriften zur persönlichen Fortdauer: „Ist der Tod ein Ende oder nicht?“, „Ein Wissen für den Glauben“, „Die nach irdische Fortdauer der Persönlichkeit“, „Die Erde kein Abschluss“, „Geist oder Stoff“ usw.. Für seine vielen hervorragenden literarischen Arbeiten bekam er 1874 vom Kultusminister Flak den Professorentitel verliehen.

Der Lehrersohn war aber auch gut mit den Eigenarten seiner Siegerländer Heimat und den Seejerlännern vertraut. Darum hat auch keiner den echten Heimatton in Gedichten je besser getroffen, wie er. Der köstliche trockene Humor begegnet uns in vielen Dichtungen, besonders in dem bekannten Werk:„Riimcher uss d’m Seejerland va’nm Seejerlänner“. Nur zwei dieser humorvollen Gedichte aus diesem Werk, die übrigens noch wahre Begebenheiten sein sollen, möchte ich erwähnen.

„N nejje Kuur met Blootdierer,‘n“. Der Inhalt so unglaublich es auch klingen mag, anstatt die Mutter die Blutegel dem Henner auf den Magen legt, die „Dierercher ennt Pännchen daoh onn knobberich breet“. Oder „De Kenddaufe“, wo man nach der Taufe im Wirtshaus „vamm Brandewing stiff, d’t Kend v’rgesse hatte“. Übriges ist kein Buch im Siegerländer Sprachgebrauch so oft aufgelegt worden, wie diese „Riimcher…“ nämlich neun mal.

Im Jahre 1898 trat Jakob Heinrich Schmick in seinen wohlverdienten Ruhestand; er starb am 19. März 1905 in Köln.

Das leib- und beutelverderbende Kaffeetrinken

Kaffee, der in fast allen tropischen Ländern angebaut wird und in einem humusreichen Urwald besonders gut gedeiht, hielt 1670 in Deutschland seinen Einzug. Damals wurden die Kaffeebohnen noch ungebrannt verkauft, es gab noch keine großen Kaffeeröstereien wie heute in Norddeutschland. Der Kaffee wurde in den einzelnen Ortschaften selbst gebrannt. Schnell hatte man auch im Siegerland erkannt, dass der koffeinhaltige Kaffee je nach Quantität und Aufbrühen schon eine gewisse Sucht hervorrief. Deswegen genoss man ihn, wenn eben möglich, braute aber dazu das nötige Kleingeld.

Ja, das Kaffeetrinken nahm sogar verheerende Ausmaße an. So sah es jedenfalls das Hilchenbacher Stadtoberhaupt, der damalige Amtmann Schenk. Deswegen hatte er im Jahre 1780 folgendes von sich verlauten lassen: „Leider! Jawohl leider! Ist das leib- und beutelverderbende Kaffeetrinken auch so sehr im Amt eingerissen, dass ihn das Gesinde und die Tagelöhner bekommen. Man sieht einen wahren Kontrast, wenn man einen starken, vierschrötigen Hammerschmied in seiner Hüttenkleidung, im Schweiße seines warmen Angesichts, den Hut heruntergeschlagen, in einem langen, schwarzen Schurzfell, aus einem Kaffee Schälchen den Kaffee trinken sieht.“

Dem Hammerschmied wurde der Kaffee gegönnt, denn er war zur damaligen Zeit ein sehr wichtiger und angesehener Mensch im Siegerland, ein Mann von echten Schrot und Korn. Aber dem gewöhnlichen Volke wollte man ihn vorenthalten. Der Ausdruck „ein Schälchen trinken“ ist heute noch bei vielen alten Siegerländern im Sprachgebrauch und hat folgende Bewandtnis. Der Kaffee wurde mit kochendem Wasser aufgeschüttet. Da man sich nicht so viel Zeit nahm, bzw. Zeit hatte, um ihn mundgerecht abkühlen zu lassen, schüttete man den Kaffee in eine Art Untertasse, wo er schneller kalt wurde. Getrunken wurde er nun aus der Untertasse, dem Schälche, wie es in der Siegerländer Mundart heißt.

Aber auch der Amtmann Schenk konnte den Kaffee Schmauß nicht eindämmen, im Gegenteil, er nahm noch zu. Deswegen wurde am 19. Mai 1782 folgendes kundgetan: „Es hat im Siegerland der Missbrauch des Kaffeetrinkens dermaßen zugenommen, dass nun der Missbrauch gedämpft werden muss. Der Schaden ist aber besonders dadurch eingerissen, dass auch in den kleinsten Orten der kaffeegebrannt und in den kleinsten Quantitäten käuflich gewesen ist, wodurch in Sonderheit Untugenden Hausfrauen zu solch schädlichen Genuss gereizt.“

Längst waren in Europas Großstädten, so auch in Deutschland, Kaffeehäuser entstanden. Aber dem Fußvolk auf dem Lande und hier besonders den Hausfrauen, wie bei uns im Siegerland, wollte man das Kaffeetrinken noch verbieten. Um dieses zu erreichen, wurde folgendes verordnet: „Der Handel mit Kaffee ist in unserem Kreise nur noch in Siegen gestattet. In allen anderen Ortschaften wird er bei strenger Strafe verboten. Es darf nicht mehr weniger wie ein Pfund Kaffee verkauft werden. (Die meisten Menschen hatten seinerzeit nämlich für ein Pfund Kaffee kein Geld übrig und auch noch Siegen zu kommen war mit sehr großen Schwierigkeiten verbunden.) Weiterhin ist das Eintauschen und Verbergen verboten. In den Wirtshäusern (und hiervon gab es damals viel mehr wie heute) ist der Kaffee nur an Durchreisende und nicht an Einheimische abzugeben“.

Der letzte Holzvergaser von Hilchenbach

Es war Spätsommer 1945. Deutschland war ein Ruinenfeld und es herrschte überall große Not und Armut. Gustav Weiß aus Hilchenbach hatte das Hungerlager Remagen überlebt und kam nach Hause. Zuvor fehlten bei ihm die Entlassungspapiere, denn er war in Erfurt zu Kriegsende getürmt und auf Schusters Rappen bei Nacht und Nebel bis nach Hilchenbach gelaufen. Er wurde von einer Person verpfiffen und die Amerikaner brachten ihn ins Massenlager nach Remagen an den Rhein. Das Wenige, was damals noch vorhanden war, wurde von den Alliierten noch rationalisiert und kontrolliert.

Gustav, der trotz allem großen Mut und Selbstvertrauen hatte, wollte sich nach der Erholungsphase, die er benötigte, selbstständig machen. Er war vor dem Kriege unter anderem bei der Siegener Kreisbahn Chauffeur gewesen, hatte aber auch schon mal einen LKW gefahren und besaß die entsprechenden Fahrzeugpapiere. Da keine braune Vergangenheit vorlag, bekam er von den Besatzungsmächten einen völlig defekten, liegengebliebenen Militärlastwagen zugesprochen. Der Transporter lag in der Nähe des Lahnhofs in einem Graben und musste in einer Werkstatt instandgesetzt werden, um fahrbereit zu sein. Da es sehr wenige funktionstüchtige deutsche Fahrzeuge gab, wurden zwei Ochsen vorgespannt, die den LKW nach Eiserfeld zur Siemag zogen. So stellte die Siemag zu dieser Zeit unter anderen auch Ziegelputzmaschinen her und reparierte Lastkraftwagen.

Das Fahrzeug war ein 7,5 Tonnen schwerer französischer Berlit mit einem Benzinmotor. Da Benzin und Diesel damals ganz rar waren und die Not erfinderisch machte, wurde das Auto auf Anweisung von Gustav umgebaut und mit einem Holzvergaser versehen. Links hinter dem Führerhaus wurde die Ladefläche in einem Rechteck verkleinert und ein mächtiger Ofen montiert. (Übrigens fuhren die Busse der Firma Albert Schmidt, Dahlbruch, mit einem kleinen Anhänger, der mit Gas gefüllt war und als Treibstoff diente.) Erst nach einer Bürgschaft der Stadtsparkasse Hilchenbach bekam der damals mittellose Besitzer den nun fahrtüchtigen Holzvergaser von der Siemag ausgehändigt.

Die Holzvergasung ist eine chemische Reaktion, die es ermöglicht, durch Pyrolyse oder Teilverbrennung unter Luftmangel das brennbare Holzgas zu gewinnen. Dieses Gas wurde dazu genutzt, den Lastwagen zu betreiben.

Jetzt brauchte man nur noch geeignete Brennstoffe, damit durch das Feuer im Ofen der Lkw angetrieben wurde. Ja, es fuhr wirklich, wenn das Feuer tüchtig flackerte bzw. glimmte. Der Abstellplatz des LKW-Holzvergasers war auf dem Marktplatz in Hilchenbach und zwar zwischen Stadtsparkasse und Bäckerei Schenk. Das

Fuhrgeschäft lief gut an, denn es gab nur wenige Lastwagen zur damaligen Zeit. Da nur vereinzelt die Telefonverbindungen funktionstüchtig waren, standen die Leute oft abends auf dem Marktplatz und warteten auf die Rückkehr, um eine Fahrt zu vereinbaren. Es gab noch drei weitere Lastwagen in Hilchenbach, die einen Holzvergaser hatten. Diese Fahrzeuge waren alle kleiner und die Besitzer trennten sich früher von den sehr mühsam zu bewegenden Lastkraftwagen.

Der Tank, der vor der Fahrt gefüllt werden musste, bestand bei diesem Lastzug aus fünf Säcken Holz und zwei Säcken Holkohle je nach Entfernung und Gewicht der Ladung. Wurde durch irgendwelche Umstände die Fahrzeit verlängert, musste natürlich unterwegs Brennstoff organisiert werden. Dies war nicht so einfach. Es gab keine Tankstellenschilder. „Hier Brennmaterial für einen Holzvergaser zu haben". So soll manchmal, wenn man kein Geld in der Tasche hatte, der Omnibusführerschein als Pfand für einige Säcke Holz bei einem Bauer eingetauscht worden sein. Manches kleine Hauklotz ist in diesen Zeiten unterwegs im Kessel des Holzvergasers gelandet und hat so für die Weiterfahrt gesorgt Es fuhren zur damaligen Zeit viele LKWs mit einem Holzvergaser. Aus diesem Grunde lagen auch überall an den Rändern der Landstraßen kleine Asche Haufen.

Etliche Fahrten wurden für die damalige Essigfabrik Hiag in Kredenbach-Lohe ausgeführt. Es war häufig Meterholz, das aus den Wäldern abgefahren werden musste. Der Fahrpreis wurde oft mit Holzkohle von der Hiag, womit man feuerte, aufgerechnet. Neben der Holzkohle waren natürlich die Harthölzer, zum Beispiel Eiche und Buche besonders geeignet.

Wenn das Vehikel nicht fahren wollte, wurden alle möglichen Tricks angewendet, um es fahrbereit zu machen. So ist in der kalten Jahreszeit manchmal morgens nicht nur ein Feuer in dem Kessel auf dem LKW angezündet worden, sondern noch zwei weitere unter dem Fahrzeug, um das Eis zu lösen und den Motorblock usw. anzuwärmen. Es gab keine Heizung im Führerhaus und schon gar keine Standheizung wie heute. Auch die Abdichtung im Führerhaus ließ zu wünschen übrig. Hierdurch wurde im Winter oft mit einem Schal gefahren.

Für den Sport, der bei Gustav große Begeisterung als Aktiver hervorrief, war der Holzvergaser oft sonntags im Einsatz. So ist es schon vorgekommen, dass die Fußballfreunde an steilen Bergen die Ladefläche verlassen mussten. Es ging dann zu Fuß bis zur Bergeshöh, bzw. man musste noch helfen schieben. Grund war eine zu schlechte Feuerung bei zu vielen Menschen auf dem Fahrzeug. Auch zum ersten deutschen Fußballendspiel nach dem Kriege, am 8. August 1948, fuhr der Holzvergaser. Dem Hilchenbacher Turnverein ist es auch so gegangen, wenn er zum Gillerbergfest gefahren worden ist. Der Preis für diese Fahrten ist meistens nur etwas Heizmaterial für den Vergaser gewesen.

Im Frühjahr 1947 wählte der Liederkranz Hilchenbach, in dem Gustav auch aktiv war, den in Kreuztal wohnenden Richard Kistemann zum Chorleiter. Da die Fahrverbindungen noch sehr unzureichend waren, holte der Holzvergaser den Dirigenten manchmal zur Probe von Kreuztal nach Hilchenbach. Um ihn nach Abschluss wieder zügig nach Hause zu bringen, musste in der Pause der Kessel auf dem Lastwagen noch einmal nachgeheizt werden. Aber auch die Hilchenbacher bzw. Siegerländer Orchesterschule, die heutige südwestfälische Philharmonie, hat dieser Holzvergaser schon zu Konzerten in die Nachbarstätte gefahren.

Das Vehikel, das bis Ende des Jahres 1948 durch deutsche Gaue tuckerte, hat alle möglichen Waren transportiert und diente nicht selten als Omnibus.

6. Erinnerungen bleiben

Der uralte Hohlweg durch den Loher Wald

In der ersten Hälfte des 19. Jahrhunderts ist im Siegerland mit dem befestigten Straßenbau im größeren Ausmaß begonnen worden. Bis zu diesem Zeitpunkt waren die Straßen alte tief ausgefahrene Hohlwege, die über das Gebirge führten. Da die Talsohlen oftmals versumpft und mit Dickicht versehen unpassierbar waren. Dies können wir heute noch an zahlreichen, nunmehr bewachsenen Graben-förmigen Vertiefungen in unseren Wäldern sehen.

Der bekannteste Hohlweg im deutschsprachigen Raum liegt bei Küssnacht am Rigi in der Schweiz. Dank des Satzes in der Tellsage „Durch diese hohle Gasse muss er kommen, es führt kein anderer Weg nach Küssnacht" wurde er bekannt.

Der uralte Hohlweg kam aus Littfeld über die Müsener Berge, wo es natürlich Zu- und Abfahrten gab, und verlief weiter durch den Loher Wald. Dieser sehr alte, tief ins Gelände eingegrabene Weg führte dann bergab und überquerte die heutige Waldstraße in Dahlbruch. Es ging nun etwa parallel zur Karl-Kraus-Straße weiter und die Müsener Straße wurde überquert. Jetzt musste das damals noch sehr breite Flussbett der Rothenbach durchschritten werden. Es ging dann links ab zur Dahlbrucher Hütte, auf deren Gelände heute Hallenbad, Turnhalle und Gebrüder-Busch-Theater stehen. Weiter ging der Weg zum obersten Dahlbruch und dann geradeaus etwas bergauf. Der alte Weg durchschnitt die heutige Hochstraße und bog danach rechts ab zur Schweißfurth und dem ehemaligen Dahlbrucher Reckhammer, wobei er die Trasse der jetzigen B 508 überwinden musste. Mit dem Bau dieser Verkehrsader zwischen Kreuztal und Hilchenbach in den Jahren 1830 bis 1835 verlor dieser beschriebene Weg immer mehr an Bedeutung.

Ende des neunzehnten Jahrhunderts war dieser Hohlweg noch bis zur Müsener Straße vorhanden. Von der Waldstraße aus in Richtung Loher Wald sah man diesen Weg noch nach dem zweiten Weltkrieg. Er wurde zur meiner Kindheit nur Höhle genannt und als Mülldeponie benutzt. In der Ortsmitte Dahlbruchs war das letzte Stück dieses tief ausgeprägten Weges noch bis 1959 sichtbar. In diesem Jahr setzten die Ärzte Hoffmann ihr Domizil in dieses letzte im Wohngebiet vorhandene Stückchen Hohlweg (heute Hochstraße Nr. 3).

Viele Jahrzehnte, nein Jahrhunderte, hat es gedauert, bis dieser mächtige Hohlweg, der eine bis zu 10 Metern hohe Böschung hatte, entstanden ist. Ich habe nie wieder einen so tief ins Gelände gehenden Hohlweg, in dem noch ein Rinnsal lief, gesehen. Er war so mächtig, dass zu meiner Kindheit noch auf beiden Seiten ein Fahrweg war, um die angrenzenden Wiesen und Felder zu bearbeiten. Ja man hatte sogar Stege gebaut, um ihn zu überqueren, und ein Hühnerstall stand in seiner Schlucht.

Große Strapazen verursachten die engen, zum Teil steil aufsteigenden bzw. abfallenden Pfade für Fuhrleute und Zugtiere. Ging es doch manchmal über hartes Felsgestein und dann wieder durch weichen Morast. Dazu kamen tief ausgefahrene Wagenspuren und oftmals völlig verschlammte Wege hinzu, was immer wieder gebrochene Räder, zersplitterte Deichseln und verbogene Achsen verursachte. Es ist heute nur schwer vorstellbar wie einst Erz, Roheisen, Holz, Holzkohle, Lohe, Felle, Pulver, Getreide usw. in großen Mengen in unserem hügeligen Siegerland von Ort zu Ort, aber auch über lange Strecken mit Pferde-, Ochsen- oder Maultiergespannen befördert worden ist.

Besonders schwierig bereitete sich für die Fuhrleute, die meistens zweirädrige, schwer beladene Karren hatten, die Abfahrt. Bremsen waren damals noch unbekannt. Sobald es steil bergab ging, wurden die Räder festgestellt, welche die Bremswirkung ausführte. Aber auch kräftige Zweige oder Stämme wurden am

Karren Ende angekettet. Diese beschwerte man je nach Gefälle und Gegebenheit noch mit dicken Steinen. Sie schleiften nun über den Erdboden und ersetzten die spätere Bremse. Hierdurch wurde sehr viel Geröll mit ins Tal gerissen, so dass am Ausgang der Hohlwege sich Erdmassen anhäuften. Aber auch Regenmassen haben immer wieder Erde und Steine ins Tal gefördert und somit die Strecken weiter ausgewaschen. Was Wasser für eine Kraft hat, kann man bei einem starken Sturzregen beobachten. Bei diesen sich ständig wiederholenden Vorgängen über Jahrhunderte ergibt sich eine Verständlichkeit für die heute oft noch vorhandenen, schon längst mit dicken Bäumen bewachsenen, Hohlwege im Siegerland.

Wurden diese Hohlwege mit der Zeit unwegsam, zum Beispiel durch weiches Erdmaterial in der Mitte eines ausgefahrenen Teilstückes, ist einfach daneben ein neuer Weg begonnen worden. Hierdurch findet man auch heute noch in den Siegerländer Wäldern manchmal zwei, ja sogar drei fuhrwerksbreite Gräben parallel nebeneinander laufen. Der erwähnte Hohlweg durch den Loher Wald ist wohl über gleichbleibenden Untergrund auf Dahlbrucher Gelände geführt worden, denn es sind und waren keine Anzeichen für einen daneben laufenden Weg vorhanden. Deswegen war dieser Weg durch die Schlucht auch so ausgeprägt.

Aber auch der Postillion musste seine Rosse über diese holperigen Wege führen, denn es waren die Verkehrsstraßen zur damaligen Zeit. Wer eine längere Reise unternahm, war oft tagelang unterwegs und musste Strapazen auf sich nehmen. Öfters kam es auch vor, dass die Postkutsche in den von Regen aufgeweichten Strecken stecken blieb. Es mussten dann die Anwohner mit ihren Pferden oder Ochsen herbei und die Karre wieder aus dem Dreck ziehen.

Das heute noch verwendete Sprichwort „Man muss die Karre wieder aus dem Dreck ziehen“ ist hierdurch entstanden. Es gab so gut wie keine Ausweichspuren in diesen engen, befahrenen Schluchten. Aus diesem Grunde wurde mit Peitschengeknall die Einfahrt in die Hohlwege angekündigt bzw. es wurde abgefragt, ob die Schlucht frei war. Kam es trotzdem vor, dass auf den engen Abfahrten ein Gefährt von unten entgegen kam, war natürlich guter Rat teuer. Es half auch kein Fluchen, einer musste zurück.

Übrigens lagen diese Hohlwege, wenn eben möglich, immer an der Sonnenseite. Diese Wege waren im Frühjahr eher befahrbar als die auf der Winterseite. Der gewaltige Hohlweg durch den Loher Wald, der zum Teil mitten in den Waldungen lag, bekam durch diese Tarnung im zweiten Weltkrieg eine neue Bedeutung. Von seiner ehemaligen Fahrbahnoberfläche, und dies war zum Teil etwa 6-8 Meter tiefer als der normale Waldboden, wurden Unterstände in die Erde hinein gebaut. In diesen Bunkern bzw. Höhlen im Hohlweg suchten in den Kriegszeiten einige Dahlbrucher Familien Schutz und Sicherheit.

Als Anfang der 1950er Jahre die Gemeinde Dahlbruch das Baugebiet "Am Loher Wald" aufschloss, ging dieser Hohlweg, über den hauptsächlich Erz, Roheisen, Holzkohle und Lohe aus den Müsener und Littfelder Bergen zu den Hütten, Hämmern und Gerbereien ins Ferndorftal gefördert wurde, quer durch das neue Wohngebiet. Durch Bauaushub von Häusern und Straßen wurden später die mächtigen Kulturnarben der Vergangenheit in diesem Gebiet vollkommen zugeschüttet.

Wenn dieser uralte Hohlweg auch längst in Vergessenheit geraten ist, so war er doch einmal für den Müsener Bergbau und für den Ort Dahlbruch von großer Wichtigkeit. Auch die Grenzen der Grundstücke lagen einst in der Mitte dieser gewaltigen Schlucht, genau wie bei einem Flussbett. Bevor Dahlbruch erstmals urkundlich erwähnt worden ist, war dieser Hohlweg mit sehr großer Wahrscheinlichkeit bereits vorhanden.

Das letzte Roggenstrohdach von Dahlbruch

Unsere Vorfahren benutzten weit mehr natürliche Produkte für den Hausbau als wir heute. Es wurde das Material verwendet, welches in der näheren Umgebung wuchs oder vorhanden war. So ist in der Umgebung von größeren Gewässern Schilf zur Dacheindeckung genommen worden. Da im hiesigen Raum kein geeignetes Schilf vorhanden war, wurden im Siegerland die Dächer mit Stroh, ja mit Roggenstroh, gedeckt. Es eignete sich von unseren Stroharten nur das Roggenstroh zur Dacheindeckung, da es seinerzeit einen sehr langen Halm hatte.

Der handgedroschene Winterroggen (Maschinendrusch zerdrückt den Halm) wurde in mehreren Schichten versetzt, von der Traufe zum First auf Rundhölzer aufgetragen und befestigt. Die Rispenseite des Strohs zeigte immer nach oben. Begonnen wurde das Eindecken rechts von unten nach oben mit einer Bahnbreite von sechs Bündeln. Hierbei wurde logischer Weise das Ende des Bündels, es waren die Ähren, von der darauf liegenden Lage überdeckt. Die Hölzer hatten ca. 5 cm Durchmesser und waren etwa so angeordnet, wie heute die Dachlatten liegen, mit einem Abstand von 22 bis 26 cm. Das Stroh wurde unter Zuhilfenahme einer Rundnadel mit einem 1,5 mm dicken Kupfer- oder verzinktem Draht auf die Rundhölzer regelrecht aufgenäht. Davor verwendete man hierzu auch Weidenschächte und Stroh. Ehe die neue Bahn begann, wurde die davor gehende mit einem Holzrechen gekämmt. Danach wurde sie, wie das Kämmen von oben nach unten, mit einem Schereisen geschoren.

Das Roggenstroh wurde damals mit der Sichel bzw. mit der Sense abgeschnitten, denn die Halme durften nicht geknickt werden und mussten gerade bleiben. Das Stroh wurde mit den Ähren, nachdem es im Hauberg oder auf dem Felde getrocknet war, von Hand über eine Holzbank oder ein großes Fass geschlagen, um die Körner so weit wie möglich zu entfernen. Danach wurde es durch einen hölzernen

Schabrechen gezogen, wobei Krummstroh und Fremdpflanzen entfernt wurden. Leichte Arbeit war es nicht und viel handwerkliches Können gehörten dazu, sowie sehr viel Roggenstroh, um solch ein Strohdach fachgerecht und wasserdicht zu erstellen. Solch ein Dach bestand aus vielen Schichten und wog etwa 6,5 kg/m2.

Einst hatten die meisten Wohngebäude im Siegerland ein steiles Satteldach von etwa fünfzig Grad ohne Firstbalken. Dies war für die Stroheindeckung besonders geeignet, denn die Dichtigkeit und die Haltbarkeit des Daches waren bei dieser Bauweise am größten. Ganz besondere Fachkenntnisse waren zu der Firsteindeckung nötig. Über den Giebel des Hauses wurden die Halme bündelweise gebogen, dann in das Stroh der Dachflächen sauber eingearbeitet und zweifach festgenäht. Aus diesem Grund wurde früher - im Gegensatz zu heute - bei uns im Siegerland auf kräftiges, mannshohes Stroh großen Wert gelegt.

Die Temperaturen unter solch einem genähten Dach oder Weichdach, wie es auch genannt wurde, waren sehr konstant und angenehm. So ließ das 35 bis 40 cm dick aufgetragene Stroh im Sommer die Hitze draußen und im Winter die Kälte nicht hinein. Aber auch die Feuchtigkeit wurde aus dem darunterliegenden Raum leicht durch das Dach abgeführt. Es konnte auch nicht zur Kondenswasserbildung kommen. Um diese Eigenschaft heute zu erreichen, muss schon eine sehr gute kostspielige Dämmung verwendet werden. Nicht nur die Häuser, sondern auch andere Gebäude waren einst bei uns mit Roggenstroh abgedeckt, so auch die Gießhallen vor den Hochöfen.

Reetgedeckte Häuser sind, zum Beispiel in Norddeutschland noch vorhanden und begehrte Fotoobjekte für den Touristen. Dagegen ist ein strohgedecktes Dach schon längst eine Rarität geworden. So ist auch das letzte Strohdach Dahlbruchs schon 1943 verschwunden. Es ist das bis Juli 2010 mit Blech bedeckte Fachwerkhaus der Hochstraße 17. Das Dach ist nun mit schwarzen Dachpfannen belegt. Der

Sandformer Heinrich Hinkel hatte dieses Haus erbaut und die Genehmigung dazu am 5. Oktober 1850 von der Gemeinde Dahlbruch erhalten. Beschäftigt war der Bauherr bei der Dahlbrucher Hütte. Sie stand auf der Fläche, wo sich heute Hallenbad, Turnhalle und Gebrüder-Busch-Theater befinden. Der Sandformer hatte das künstliche Sandbett anzulegen, in das sich nach Hochofenabstich das flüssige, hell leuchtende Roheisen ergoss.

Die klimatischen Verhältnisse auf dem Dachboden waren durch das Blech bei weitem nicht mehr so gut wie vorher gewesen, als das Dach noch dick mit Strohm bedeckt war. Es waren 1943 einfach wirtschaftliche Zwänge, die zu dieser Maßnahme geführt hatten. Da das Blech hier produziert wurde, sind viele Dächer im Siegerland zur damaligen Zeit mit diesem Material eingedeckt worden. Die Unterhaltung von diesen Dächern war sehr aufwendig. Denn sie mussten etwa alle sechs Jahre gestrichen werden, damit sie nicht rosten. Leider sind auch herrliche sehenswerte Fachwerkgebäude in diesen Kriegsjahren mit Blech verkleidet worden.

Ein weiterer Grund für den Materialwechsel lag auch darin, dass der Beruf des Strohdachdeckers im Siegerland und darüber hinaus längst ausgestorben war. Es war kein Mensch mehr da, der diese Arbeit fachgerecht ausführen konnte. Die Lebensdauer von solch einem Weichdach betrug 30 bis 50 Jahre, ja sogar bei entsprechender Pflege bis zu 100 Jahre, wie bei dem letzten Dahlbrucher Strohdach. Jeder Schaden durch Sturm oder tierische Schädlinge wie Ratten, Mäuse oder Vögel musste schnellstmöglich ausgebessert werden. Dies geschah durch Nachnähen des Daches und durch Ausstopfen mit abgelegten, angepassten Garben, die in das Dach hinein getrieben wurden. Diese Strohdächer hatten natürlich keine Dachrinne.

Bereits in den 1870er Jahren begann die Vorherrschaft des Strohdaches im Siegerland zu weichen. Häuser, deren Dachstuhl in jener Zeit abbrannte oder bei denen eine Aufstockung des Trempels erfolgte, wurden nicht mehr mit Stroh, sondern mit Blech, Zement- bzw. Tonpfannen, Schiefer oder Schindeln eingedeckt. Aber auch die Neubauten wurden ab diesem Zeitpunkt nicht mehr mit Roggenstroh eingedeckt. Klein war das Haus von Heinrich Hinkel, das auch mal als Scheune genutzt wurde, im Vergleich zu den mächtigen Fachwerkhäusern am obersten Dahlbruch, die heute zum Teil noch vorhanden sind.

Übrigens war das zweitletzte Strohdach von Dahlbruch auf einem von diesen Häusern und steht in der Nachbarschaft. Es wurde 1775 errichtet und hat heute die Nummer 18 der Hochstraße. Es gehörte einst zu den schönsten Häusern in dieser Gegend mit der Inschrift: „Herr Gott durch Deine Gnad' und Güt' dies Haus für böser Rott und allem Schad behüt' und segne Du, die wohnen drin, dass sie nach Deinem Willen sind und befehlen dem Herren die Wege Gottes. Er wird alles wohl machen." Ein gewaltiges Flammenmeer vernichtete am 24. Juni 1942 dieses große Strohdach vollkommen.

In der trockenen Sommerzeit waren diese Strohdächer natürlich leicht brennbar. Aus diesem Grunde sind in den früheren Zeiten auch viele Orte im Siegerland von gewaltigen Brandkatastrophen heimgesucht worden. Um diese enormen Brände zu vermeiden, wurden beim Bau der Bahnlinie Creuztal Hilchenbach Anno 1883 in Ferndorf von einigen nahestehenden Häusern das Strohdach, auf Kosten der Eisenbahn, in ein feuerfestes Dach ersetzt. Aber auch für die Feuerbekämpfung wurde Vorsorge getroffen. In Hilchenbach, z. B., was schon einige große Brände überstehen musste, beschloss man 1687, nachdem man Fleckenrechte hatte, folgendes. Jeder fremde Bürger wird in unserem Flecken nur aufgenommen, wenn er unter anderem einen ledernen Eimer zur Brandbekämpfung mitbringt.

Der Hauseingang vom letzten Strohdachhaus von Dahlbruch war ursprünglich an der Längsseite zur Straße hin. Nach dem Ausbau der Hochstraße rückte das

Gebäude so dicht an die Fahrbahn, dass man mit dem ersten Schritt aus der Haustüre schon auf der Straße war, obwohl es 1920/21 etwas vom Weg ab verschoben worden ist. Der Eingang wurde aus diesem Grunde vernünftigerweise an die Giebelseite nach Westen verlegt. Interessant zu erwähnen ist noch, dass der Schrammbord vor diesem Hause 1991 zu einem Bürgersteig ausgebaut wurde. Der Grund dafür war, dass die Dachrinne an einer Ecke fast über die Fahrbahn reichte und manchmal von hohen Lastwagen mitgenommen wurde.

Die dickste Eiche des Siegerlandes fällt

Es war Montag, der 15. Juli 1935, als ein Unwetter über das Siegerland hinwegzog. Der Sturm war so heftig, dass er überall Dachpfannen und Schieferplatten heraus riss. Er nahm alles mit, was nicht Niet- und Nagelfest war. Zahlreiche Baumkronen wurden von dem Wirbelsturm einfach abgedreht und noch einige Meter mitgenommen. Die gewaltigen Regengüsse verbunden mit heftigen Hagelschauern ließen seinerzeit viele Roggenfelder und andere Fruchtarten wie gewalzt aussehen. Bei hochgelegenen Häusern zerschlug der Hagel sogar die Fensterscheiben.

Der Orkan, der besonders das Ferndorftal heimsuchte, legte Bäume und Telegraphenmasten um. Er zerstörte elektrische Leitungen, so dass ganze Ortschaften ohne Strom waren. Besonders in den großen Nutzgärten, die zur damaligen, armen Zeit noch überall im Siegerland waren, wütete der Sturm heftig. Zahlreiche Bohnenstangen wurden umgelegt. Auch viele Obstbäume, besonders Kernobst, dessen Holz brüchiger ist, wurden umgerissen. Das Obst lag wie gesät in den Gärten. Aber auch Straßenbäume knickten um, so dass viele Straßen gesperrt werden mussten. Es waren besonders die Bäume, die eine große dichte Krone hatten, denn hier war eine breite Angriffsfläche vorhanden. Die Ferndorf, die zuvor noch ein Rinnsal war, wurde in kurzer Zeit zu einem rauschenden Fluss.

Auch die dickste Eiche des Siegerlandes fiel diesem gewaltigen Gewittersturm zum Opfer. Sie stand in Dahlbruch in der Winterbach auf dem Hofe Wurmbach, der 1932 in den Besitz der Familie Müller ging, und war das Wahrzeichen sowie

Aushängeschild dieses Gehöftes. In Brusthöhe gemessen hatte dieser gewaltige Baum einen Durchmesser von 1,90 Metern und einen Umfang von 5,40 Metern. Die Maße wurden einst in Brusthöhe angegeben, da in dieser Höhe die Wurzelstärke nicht mehr vorhanden war.

Dieser mächtige Kollos wurde etwa um 16.00 Uhr am 15. Juli 1935 ein Opfer des gewaltigen Unwetters. Dieser Solitaritätsbaum, der neben dem Wohngebäude stand, brach einige Meter über der Erde ab und fiel über den Weg in den Garten. Das Brausen des Sturmes war so heftig, dass die Bewohner des Hauses nebenan das Bersten dieses riesigen Baumes gar nicht bemerkt hatten. Es war schon ein glücklicher Zufall, oder war es Gottes Wille, der Macht über die Natur hat, dass er nicht auf das Wohnhaus oder auf das gegenüberliegende Stallgebäude fiel und Menschen und Tiere unter sich begrub? Beim Fallen riss er zwar Wäscheleinen, Stromleitungen, Bäume, Zäune und Sträucher um, wodurch sich dieser Schaden in Grenzen hielt.

Diese dicke Eiche hatte eine wunderbare, üppige Baumkrone. Auch der Stamm war herrlich gewachsen, denn er war auf einer Länge von acht Metern gleichbleibend im Durchmesser und ohne Äste. Sie ließ eine ungebrochene Lebenskraft vermuten. Der Baum wurde auf ein Alter von 600 bis 700 Jahre geschätzt. Aber der Zahn der Zeit hatte schon an diesem Riesen genagt.

In den Wirren der damaligen Zeit wurde leider diesen Naturdenkmälern längst nicht solche Beachtung geschenkt, wie heute. Schon längst wäre hier eine intensive Baumpflege von Fachpersonal nötig gewesen, um das Überleben dieses Riesen zu ermöglichen. Ihr Stamm war nämlich innen zum Teil hohl. Durch ein schmales Loch in Bodenhöhe hatte der Hofhund im Inneren des Baumes jahrelang Schutz gefunden. Das Urgetüm war seinerzeit für die Menschen sowie viele tierische

Lebewesen, die in ihm beheimatet waren, nicht wegzudenken. So hatte unter anderem Kauze jahrelang hier genistet. Am anderen Morgen fand man in der Baumkrone noch einen Kasten mit jungen Staren, die die ersten Flugversuche nach der Herausnahme machten.

Der Baumriese brachte immerhin noch etwa 20 Festmeter Holz. Schnell verbreitete sich die Kunde von diesem seltenen Ereignis. Der Baum stand unter Naturschutz und war im weiten Umfeld bekannt und das Markenzeichen dieses Hofes. Tage später kamen immer noch die Menschen besonders aber Naturfreunde, um diese dickste, uralte, gefallene Siegerländer Eiche zu betrachten und sich von ihr zu verabschieden. Es sah so aus, als wollten sie diesem alten Baum das letzte Geleit geben.

Nicht unerwähnt soll eine Eiche bleiben, die auf der hinteren Wiese auf diesem Hofe stand. Sie ist zum 100. Geburtstag zu Ehren vom ehemaligen Gutsbesitzer Johann Henrich Wurmbach am 22. März 1896 gepflanzt worden. Die Eiche stammte aus dem Sachsenwalde und war ein Geschenk vom Fürsten Bismark. An dieser Geste von Bismark kann man erkennen wie bekannt dieser Hof war.

Noch einem Baum muss auf diesem uralten Hofe, der zwei Jahrhunderte im Besitz der Familie Wurmbach war, Beachtung geschenkt werden. Es ist ein Ableger der Linde vom Kindelsberg, die Jung-Stilling im 13. Band seiner Werke erwähnt hatte. G. H. Wurmbach pflanzte sie 1815 vor dem Backhaus zur Erquickung seiner Nachkommen. Leider fiel diese ehrwürdige Linde Mitte der 1950er Jahre einem Blitze zum Opfer.

Somit verlor Dahlbruch am 15.Juli 1935 den Ruhm und die Ehre, die dickste Eiche des Siegerlandes zu besitzen. Die Königseiche im Hochstätter Wald zwischen Salchendorf und Eisern gelegen konnte nun dieses für sich in Anspruch nehmen. In Brusthöhe gemessen hatte diese Eiche seinerzeit einen Umfang von 4,98 Metern.

Das ehemalige Dahlbrucher Krankenhaus

Anfang April 1945 lag Dahlbruch täglich unter Artilleriefeuer. Am Sonntag, den 8. April, erlebten die Dahlbrucher dann ein 1 ½ stündiges Trommelfeuer. Danach rückten vorsichtig und ängstlich amerikanische Truppen aus Richtung Allenbach kommend ein. Ein schweres Geschütz wurde auf Webers Driesch aufgestellt. Die Abschüsse, die auch bei Nacht nach Littfeld gingen, erschütterten das ganze Dorf.

Die Amerikaner beschlagnahmten in Dahlbruch schnell das große Gebäude an der Wittgensteiner Straße 151, welches später Krankenhaus wurde, und zogen hier ein. Diese Villa war nach einem Bauantrag vom 30.07.1874 von Wilhelm und Ernst Klein gebaut worden. Überprüfungen und Hausdurchsuchungen fanden in den nächsten Tagen statt. Die Amerikaner, die schon bestens Bescheid wussten, fuhren ständig Streife und brachten die Nazis von Dahlbruch und Umgebung mit zur Villa und sperrten sie hier in den Keller. Nach einem Verhör wurden sie dann später, wenn genug Personen zusammen waren, mit einem Lastwagen in ein Lager transportiert. Noch verwirrter wurde die Lage, als die Fremdarbeiter und Gefangenen, die Dahlbruch auch hatte, vorübergehend Plünderungsrecht hatten. Es gab auch Personen, die sich für einige Tage in Sicherheit bringen mussten.

Erwähnenswert ist noch, dass sich in Dahlbruch in zwei Villen an der Wittgensteiner Straße auch ein russisches Sonderkommando einquartiert hatte. Sie hatten einen Bericht über die russischen Kriegsgefangenen und Verschleppten zu erstellen, die seinerzeit im Siegerland waren. Sie lebten in Saus und Braus, im Gegensatz zu der hungernden Bevölkerung. So musste Bauer Müller aus der Winterbach ihnen täglich 12 Liter Milch liefern. Beim Abzug im Sommer 1946 atmete die Bevölkerung erleichtert auf. Die zwei von ihnen bewohnten Villen waren sehr herunter gekommen.

In den Nachkriegsjahren war der Bedarf an Krankenhausbetten besonders im nördlichen Siegerland sehr groß, denn das Hilfskrankenhaus in Stift Keppel war wieder aufgehoben worden. Von der Siemag mietete der später leitende Chefarzt Dr. Hans Stelbrink die oben erwähnte Villa Klein, in der die Amerikaner zuvor waren, und richtete in ihr 1946 die Dahlbrucher Klinik ein. Die Bevölkerung aber auch die Industrie nahm diese Privatklinik, da sie Vertrauen zu Dr. Stelbrink und seinem Team hatten, sehr gut an.

Eine hohe Auslastung hatte die Dahlbrucher Privatklinik mit Schwerpunkt Chirurgie stets. Sehr bald stellte sich aber heraus, dass dieses Krankenhaus einfach zu klein war, um wirtschaftlich auf diese Art und Weise zu arbeiten. Aus diesem Grunde waren wirtschaftliche Zwänge auch der Grund, die betreibende GmbH mit Dr. Hans Stelbrink als alleinigem Gesellschafter aufzulösen.

1954 trat an ihre Stelle ein Konsortium der damaligen Ämter Keppel und Ferndorf sowie die Stadt Hilchenbach. Sie übernahmen die Einrichtungsgegenstände des Krankenhauses und verpachteten sie an Dr Stelbrink. Das eigentliche Gebäude wurde weiterhin von der Firma Siemag angemietet. Es wurde ein „Paritätischer Ausschuss zur Förderung der Klinik Dahlbruch“ gegründet. Dieses Aufsichts- und Leitungsorgan wurde von Vertretern der beteiligten Kommunen und der heimischen Industrie gebildet. Durch das Engagement der beteiligten Kommunen und der Industrie sowie das erfolgreiche Wirken von Dr. Stelbrink konnte die Klinik auch weiterhin aufrecht erhalten werden. Nicht unerwähnt dürfen die Spenden und Beihilfen von der Industrie sowie den Behörden bleiben.

Viele bewegende Jahre hatte das Dahlbrucher Krankenhaus erlebt. Die meisten Zimmer hatten mehrere Betten, so wie es seinerzeit fast überall üblich war. Da es keinen Aufzug hatte, wurden die Patienten, egal in welchem Zustand sie waren, immer durch das Treppenhaus in eine andere Etage befördert. Es hatte nicht den

Standard der heutigen Krankenhäuser. Aber böse Bakterien, wie sie heute überall in deutschen Krankenhäusern sind und den Patienten sehr zu schaffen machen, kannte man damals in Dahlbruch kaum.

Laut Unterlagen, die im Hilchenbacher Stadtarchiv lagern, betrug der Umsatz 1955 im Dahlbrucher Krankenhaus 342 366,06 DM und 1961 schon DM 563 218,69. Aus einer Bestandsaufnahme vom 31.12.1954 geht unter anderen hervor, dass 74 Betten, neun Couchbetten, vier Kinderbetten (Säuglinge), ein Entbindungsbett, 30 Bettpfannen sowie eine Bindenwickelmaschine vorhanden waren. Im Archiv lagert auch ein interessantes Angebot vom Juni 1958. Angeboten wurde der Narkoseapparat Modell "Romulus" für Sauerstoff, Lachgas und Kohlensäure für 2 695,00 DM.

Der Rettungshubschrauber flog noch nicht. Aber ein Krankenwagen mit Fahrer stand für das Dahlbrucher Krankenhaus ständig bereit. Da das Deutsche Rote Kreuz seinerzeit von den Besatzungsmächten verboten war, wurde der Krankenwagen und der Fahrer von der Feuerwehr Siegen gestellt. Das Dahlbrucher Krankenhaus zählte seinerzeit zu den ganz wenigen Gebäuden, die im Amt Keppel schon einen Erdgasanschluss hatten.

In den Kellerräumen des Krankenhauses wurde für Personal und Patienten gekocht. Neben dem Haupteingang stand ein großer Pavillon. Er war schön eingerichtet, denn in ihm war die Verwaltung und Lungenkranke, bzw. Patienten mit ansteckenden Krankheiten untergebracht. Hinten am Dahlbrucher Krankenhaus zum Park hin war ein herrlicher, mächtiger Wintergarten, der von den Besuchern nicht zu erblicken war. Hier lagen die Privatpatienten, die es seinerzeit auch gab. Ganz oben in einer Ecke war das Sterbezimmer. Ja, es war alles vorhanden.

Die Ansprüche und die gesetzlichen Anforderungen an die Krankenhäuser nahmen ständig zu. Man hatte immerhin 70 Betten und stellte sich Ende der 50er Jahre die Frage. Wollen wir die Klinik in Dahlbruch umbauen und erweitern? Platz für eine Erweiterung war da, aber das Parkplatzproblem wäre kaum lösbar gewesen. Wenn die Klinik auch von mächtigen Bäumen umgeben, in einem herrlichen Park lag, wäre der Geräuschpegel von der Bundesstraße 508 sehr störend gewesen.

Nach reiflicher Überlegung entschloss man sich für einen Neubau. Da in Dahlbruch kein geeignetes Gelände vorhanden war, fiel die Entscheidung in Kredenbach, ein Krankenhaus zu bauen. Die Grundsteinlegung für das neue Krankenhaus im oberem Siegerland erfolgte am 6. Oktober 1962. Sehr froh war man, dass man die Innere Mission Siegerland als Träger gewinnen konnte, die diese Funktion später dem neu gegründeten Evangelischen Krankenhausverein Siegerland übertragen sollte. Am 20. März 1965 wurde der erste Patient im Krankenhaus Kredenbach, der Bernhard-Weiss-Klinik, aufgenommen.

Noch im selben Jahre wurde die Klinik und der Pavillon in Dahlbruch, die an der Wittgensteiner Straße 151 lagen, abgebrochen. Die enormen Schuttmassen wurden in unmittelbarer Nähe als Untergrund bei der Straße Obere Schweißturth mit eingebaut und die Klinik in Dahlbruch hörte der Geschichte an.

Die Bibel war das erste Lesebuch

Bereits im 16. Jahrhundert konnten die Dahlbrucher Kinder die Kirchspielschule in Ferndorf besuchen, denn Dahlbruch gehörte zu dieser Zeit zur Pfarrei Ferndorf. Es gab keinen Schulzwang und der Untwerricht erfolgte nur im Winterhalbjahr. Ich glaube nicht, dass die Dahlbrucher Kinder die Schule besucht haben. Denn Hin- und Rückweg waren zusammen durch den Schnee im Winter mühsamer und schwieriger als der Unterricht.

Müsen, Dahlbruch, Winterbach, Merklinghausen und die Schweisfurth wurden von der Kirchengemeinde Ferndorf 1627 ausgepfarrt und Müsen wurde mit den anderen Orten selbstständige Kirchengemeinde. Es war zu einer Zeit, als die Pest im Ferndorftal wütete und sehr viele Opfer gefordert hat. Müsen bekam eine eigene Kirchspielschule, die auch die Dahlbrucher Kinder besuchten, denn der Pfarrbezirk seinerzeit auch der Schulbezirk war.

Im Jahre 1680 wurde der Pfarrer in Müsen vom Schuldienst befreit und ein Schulmeister wurde bestellt. Der Wandeltisch, die Beköstigung im Reihenumgang für den Schulmeister, war in Müsen seinerzeit nicht üblich. Deshalb wurde er anders entschädigt. Das Brennholz hatten die Dahlbrucher und die Schweisfuhrter, die „Höüwener", wie man sie damals nannte, zu liefern.

Um das Jahr 1750 trennten sich Dahlbruch und die Schweisfurth von Müsen und versuchten eine eigene Schule zu gründen. Ein Grund war u. a. bestimmt der mühsame Schulweg. Da kein geeignetes Gebäude zur Verfügung stand, wurde in Stephans Haus in der Hochstraße eine Schulstube eingerichtet. Anno 1782 kam es zu einem beachtlichen langen Gemeindebeschluss. „So notwendig es eines jeden Menschen Pflicht ist, vor Gott und Menschen ein frommes Leben zu führen, so vielmehr ist es insbesondere rechtschaffender Eltern Pflicht, welchen Gott Kinder der Liebe geschenkt hat, dass sie dieselben zur Ehre Gottes und zum Nutzen der menschlichen Gesellschaft auferziehen sollen. Deshalb sollen auch für Kinder Pflanzschulen aufgerichtet werden, worin dieselben von geschickten Schulmeistern unterwiesen und ihnen die Anfangsbuchstaben von Gott und seinem Wort beigebracht werden. " Die Bibel war damals das Lesebuch.

Mit der Schulgründung, die durch Unterstützung der nassauischen Landesfürsten ermöglicht wurde, begann erst die Not. Denn bei ihrer großen Kinderschar konnten die zehn Familien nicht noch einen Schulmeister ernähren. Nach heftigen

Streitereien wurde folgendes beschlossen. „Der Schulmeister soll mit diesem angehenden 1782ten Jahre in jedes Haus gehen an die Kost drei Tage lang, sowohl bei dem der keine Kinder hat, als bei dem, der viele Kinder hat und zwar durch das ganze Jahr." Die Familien mussten laufend an ihre Verpflichtungen erinnert werden. Es herrschte bittere Armut, so dass ein Schulmeister über Nacht verschwand. Die Notlage ging aus folgendem Bericht hervor. „Die Kinder können kaum im Lernen fortschreiten, wenn der Schulmeister mit Nahrungssorgen zu kämpfen hat, was ihm die nötige Heiterkeit raubt, wie dies jetzt der Fall bei dem zeitigen Schulmeister Groos ist, der wegen mangelnden Vermögens und sich ohne Eltern in sehr üblen Umständen befindet."

Anno 1784 wurde in Dahlbruch auf dem heutigen Ernst-August-Platz das erste Schulhaus errichtet. Die Landesregierung in Dillenburg hatte endlich die Genehmigung gegeben und eine Unterstützung zugesagt, die mit Auflagen verbunden war. Ein Entwurf, der ein zweistöckiges Gebäude vorsah, wo unten ein gemeinschaftliches Backhaus vorgesehen war, wurde nicht genehmigt. Um 1790 hatte die Familie Braun 24 Kinder (zwei Mütter, ein Vater) und im Nachbarhaus Jüngst wohnten 14 Kinder. Die Familie des Faktors Freudenberg daneben hatten 10-mal Kindtaufe. Es war eine kinderreiche Zeit in Dahlbruch. Im Jahre 1824 schloss sich die Gemeinde Hillnhütten der Schulgemeinde Dahlbruch mit folgenden Bedingungen an. „Für diese Teilnahme hat die Gemeinde Hillnhütten ein für allemal die Summe von einhundertzwanzig Gulden Handels Cours bar bezahlt. "

Da die Schülerzahl auf 60 gestiegen war, wurde 1873 ein neues Schulgebäude neben der alten Schule, die abgerissen wurde, errichtet. Im Juli 1892 schloss sich die Winterbach dem Schulverband Dahlbruch an. Zuvor waren die Kinder in der Müsener Schule unterrichtet worden. Im Jahre 1898 hatte man 116 Schüler und die Schule wurde um einen Klassenraum erweitert, aber auch die zweite Lehrerstelle wurde besetzt. Die dritte Lehrerstelle wurde 1903 eingerichtet, denn es 140 Kinder unterrichtet werden mussten. 1907/1908 wurde die Schule auf dem Ernst-August-

Platz aufgestockt, so dass vier Klassenräume zur Verfügung standen. Sehr schnell stieg die Zahl der Schüler. So waren im Jahre 1909 schon 166 vorhanden. Es gab damals noch eine Schule für kath. Kinder im oberen Ferndorftal, die 1857 gebaut worden war, in Allenbach an der Landstraße lag und zu klein geworden war. Sie wurde durch einen moderneren, größeren Schulhausneubau 1911 neben der kath. Kirche ersetzt, in der bis 1939 unterrichtet wurde.

Im Herbst 1944 war kein geordneter Schulbetrieb mehr am Ernst-August-Platz möglich. Das Schulgebäude wurde von Ausgebombten belegt. Der Unterricht fand in kleinen Gruppen in Privathäusern statt und wurde ständig vom Fliegeralarm unterbrochen. Der Schulbetrieb wurde im März 1945 komplett eingestellt.

Am Montag, den 27. August 1945 öffnete die Volksschule in Dahlbruch wieder die Türen. Eingeschult wurden 188 Kinder. Es waren vorerst nur die vier unteren Jahrgänge, die in 4 Klassen durch zwei Lehrkräfte unterrichtet wurden. Die Kinder der Klassen 5 bis 8 wurden am 10. November 1945 eingeschult. Es waren nun 331 Kinder, die in überfüllten Klassen von vier Lehrpersonen unterrichtet wurden. Als 5. Klassenraum wurde später das HJ-Heim (Hitlerjugendheim) genutzt. Es stand seinerzeit etwa da, wo heute das Pastorenhaus der ev. Kirche steht.

Am 22. August 1947 wurde die kath. Schule in Dahlbruch wieder feierlich eröffnet. Vorausgegangen war eine Wahl für die Neuerstellung konfessioneller Schulen. Die Volksschule Dahlbruch überwies 52 Kinder. 1966 wurden hier 124 Kinder unterrichtet. Das Einschulungsgebiet war die heutige Stadt Hilchenbach sowie die Orte Kredenbach und Herzhausen. Im Jahre 1969 wurde diese Schule infolge der Neuordnung geschlossen. Von 1970 bis 1981 war hier eine Sonderschule für Lernbehinderte, die Pestalozzischule, der Stadt Hilchenbach. Zuvor war sie vier Jahre im alten Schulgebäude am Ernst-August-Platz.

Da die alte ev. Schule nicht mehr ausreichend war, wurde zwischen Ernst-August-Platz und Hochstraße eine neue Schule gebaut. Der erste Bauabschnitt dieser Schule wurde am 17.12.1957 übergeben und der zweite wurde Ende 1966 fertiggestellt. Am 1. Dezember 1966 wurde die ev. Volksschule Dahlbruch Mittelpunktschule. Das 9. Schuljahr aus Müsen und das 7. – 9. aus Allenbach bildeten in Dahlbruch eine differenzierte Oberstufe. Am 1.8. 1967 kam das 7. und 8. Schuljahr aus Müsen dazu. Es waren nun 395 Kinder, die in 11 Klassen von 12 Pädagogen betreut wurden. Im November 1967 stimmten in Dahlbruch 92% der Erziehungsberechtigten für die Umwandlung in eine Gemeinschaftsschule. Dieses wurde aber nicht mehr durchgeführt, denn am 1.8.1968 trat die neue Schulgesetzgebung von NRW in Kraft. Die Schule wurde in eine Hauptschule umgewandelt. Sie erhielt den Namen „Adolf-Reichwein-Hauptschule“. Es sollte der Pädagoge Adolf Reichwein geehrt werden, der 1944 in Plötzensee unter dem Fallbeil sein Leben ließ.

Weitere Baumaßnahmen waren erforderlich, um den Bildungsplan einer Hauptschule zu erfüllen. Die Vorbereitung dazu hat der stets schulfreundliche Rat der Gemeinde Dahlbruch noch begonnen. Die Durchführung wurde nach der kommunalen Neuordnung eine Aufgabe der Stadt Hilchenbach. Als Ergebnis bleibt festzuhalten, dass aus heutiger Sicht die Adolf-Reichwein-Hauptschule im Jahre 2013 die Türen schließt und es dann in Dahlbruch nach über 250 Jahren keine öffentliche Schule mehr gibt!

Das Dahlbrucher Original Clemens Strack

Das bekannteste Dahlbrucher Original war ohne Zweifel Stracks Clemens. Er wurde 17.12. 1882 in Dahlbruch geboren und begann seine Laufbahn auf der Grube Stahlberg als Bergmann. Er war im ersten Weltkrieg Soldat und wohnte dann mit seiner Frau Lehnchen und 4 Kindern in der alten Dahlbrucher Turnhalle. Er war nie auf Rosen gebettet und hatte noch einen Sprachfehler. Trotzdem war er ein Original von altem Schrot und Korn und sehr, sehr schlagfertig. Da in der heutigen, hastigen, profitgierigen Zeit diese Sonderlinge immer weniger werden, sind einige Anekdoten bzw. Aussprüche von Clemens aufgezeichnet.

Das menschliche Bedürfnis

Clemens weilte einst in Siegen. Es muss kurz nach der Währungsreform gewesen sein. Da bekam er plötzlich heftige Magenschmerzen und musste aus der Hose. Er kam noch bis an den Straßenrand, an den Eingang eines Bunkers und verrichtete dort das menschliche Bedürfnis. Als er seine Hose wieder erleichtert zuknöpfte, stand ein Schutzmann neben ihm, der das Schauspiel beobachtet hatte. „Wegen öffentlichen Ärgernis bezahlen Sie eine Mark Strafe". Clemens Kopf nickend: „Un.., un.., und ich bezahle 1 Mark und 10 Pfennig, ich habe dabei auch noch gepforzt".

Im Gerichtssaal

Das Original stand auch mal als Angeklagter vor Gericht. Er bekam dabei großes Rauchverlangen, hatte aber nur seine Pfeife und ein Strang Tabak bei sich. Clemens wusste sich zu helfen. Er nahm sein Taschenmesser und schnitt seelenruhig auf dem Tisch vor ihm einige Scheiben Tabak von dem Strang ab. Der Richter bekam große Augen und sagte: „Herr Strack, ist das nicht etwas grob, was Sie da machen?" „J.., ja, ja Herr Richter, Sie haben Recht, der Tabak ist so noch zu grob, er muss noch geribbelt werden". (Zwischen den Handflächen feingerieben werden)

Der sehr weite Weg

Im Gasthof Benfer in Dahlbruch (wo heute die Ärzte Bellersheim-Hebrock ihr Domizil haben) saß Clemens einst und hatte schon etwas tief ins Glas hineingeschaut. Da kamen zwei Jehovas Zeugen in die Gaststätte, unterhielten sich mit den Gästen, gingen von Tisch zu Tisch und verteilten kleine Lektüren. Als sie nun an Clemens Tisch kamen, fragte er: „W.., w.., wer seid Ihr denn?" „Wir sind Soldaten des Himmels," war die Antwort. „ Da.., da.., dann geht schnell, dann habt Ihr ja noch einen sehr weiten Weg bis zur Kaserne!".

Der Lümmel mit der Eselei

Im Juli 1951 war der TUS Dahlbruch Ausrichter des Bezirksturnfestes. Da etwa 700 Personen ihre Teilnahme gemeldet hatten, war der vorhandene Sportplatz für die ordnungsgemäße Durchführung der Wettkämpfe zu klein. Wo heute Hallenbad und Faustballfelder sind, war der Sportplatz damals. Im Anschluss daran, in Richtung Norden, stand das Freibad. Dahinter auf dem Wiesengelände sollten deswegen auch noch Wettkämpfe durchgeführt werden. Die Wiesen wurden abgemäht, Unebenheiten begradigt und mit Sägemehl die Abgrenzungen für die verschiedenen Sportarten ausgeführt. Hierbei muss wohl Clemens, der in unmittelbarer Nähe hauste, von der Jugend geärgert worden sein. Am späten Abend waren Wiese und Sportplatz für den morgigen Wettkampftag bestens vorbereitet. Das Arbeitskommando traute am anderen frühen Morgen seinen Augen nicht! Was war geschehen? Der Lümmel Clemens hatte über Nacht auf die Wiese, die als Wettkampfstätte dienen sollte, Jauche gefahren! Nach anfänglich großer Hektik wurden sehr schnell andere Ausweg Möglichkeiten geschaffen. Das Turnfest wurde trotz Eselei von unserem Lümmel gut abgeschlossen.

Bei der Gemeindedirektorin Menn

Clemens ging zur Gemeindedirektorin Hedwig Menn in der jetzigen Hillnhütter Straße ins Gemeindebüro und trug der allseits beliebten "Tante Hedwig", seinen Wunsch vor: „H.., H.., Hedwig wenn ich gestorben bin, dann will ich auch einen Stein auf meinem Grabe haben." Frau Menn fragte ihn was denn auf dem Stein stehen solle. Darauf Clemens: „H.., h.., hier ruht ein nasser Sack, mit Namen hieß er Clemens Strack, oh Wanderer entfleuch von hier, sonst steht er auf und säuft mit dir."

Clemens und der Kohlenhändler Otto Becker

Dem Dahlbrucher Kohlenhändler Otto Becker half Clemens öfters beim Kohlen Abladen auf dem alten Bahnhofsgelände in Dahlbruch. Es war dort, wo heute die freiwillige Feuerwehr ihr Domizil hat. Bei jedem abgeladenen Zentner, den sie von der Waage, die auf einem Eisenbahnwaggon stand, aufs Dreirad kippten, machte Otto einen Kreidestrich auf ein großes Brett. Einmal kam ein Hund vorbei, hob das rechte Hinterbein und pinkelte an das Brett. Clemens, der dies bemerkt hatte, rief laut:„ O.., O.., Otto pass auf, da radiert dir einer im Hauptbuch!".

Im Namen des Gesetzes

In der alten Turnhalle in Dahlbruch wohnte Clemens mit seiner Familie. Als er eines Tages zu viel von den Siegerländer Nationalgetränk, dem Wachholder, zu sich genommen hatte, bekam er von seiner Frau Lenchen eine Gardinenpredigt gehalten. Es kam zum Wortwechsel und Clemens wurde sehr wütend. Er begann das Porzellan in der Küche zu richten. Es war ganz schlimm und Lehnchen wusste sich keinen Rat mehr. Sie lief zum Gemeindevorsteher Friedrich Langenohl, der in der Müsener Straße wohnte. Er ging mit ihr zur Turnhalle und rappelte an der verschlossenen Türe. Nun setzte der Vorsteher seine Amtsmiene auf und rief laut: „Herr Strack, machen sie sofort die Türe auf!". Keine Antwort. Der Vorsteher rief nochmals: „ Herr Strack, wenn sie die Türe nicht sofort öffnen, schlage ich diese im Namen des Gesetzes ein!". Nun öffnete sich das Oberlicht der geteilten Türe und Clemens steckte seinen Kopf hindurch und sagte: „Ja, ja, ja Frieder, das kannst du ja machen, aber dann machst du dieselbe auch im Namen des Gesetzes wieder ganz".

Das Dröhnen an der Wellblechbude

Bei Kochs Tante Molly, heute Dahlbrucher Hof, hatte Clemens seinerzeit mit einem anderen Dahlbrucher tüchtig gezecht. Sie gingen zum Gasthof Benfer und kamen beim alten Bahnhof an einer Wellblechbude vorbei, wo sie ganz nötig Wasser ablassen mussten. Da sie großen Druck hatten strahlten sie gegen das Wellblech, dass es nur so dröhnte. Aber dem anderen kam etwas nicht geheuer vor und er fragte: „Clemens warum hört man denn bei dir nix, du hast doch auch so großen Druck." Darauf antwortete Clemens: „ D.., d.., das kannst du auch nicht. Ich seiche dir doch gegen den Mantel."

Das Mittel gegen Maulwürfe

Clemens saß gemütlich bei seinem Häuschen am Hüttengraben und rauchte seine Pfeife. Da kam ein Kleinlandwirt vorbei und klagte sein Leid: „Clemens, ich habe die ganze Wiese voller Maulwurfshaufen. Ich habe schon Gift gestreut, Fallen aufgestellt und mit Karbid geschossen, aber die Biester wühlen mir immer noch das ganze Grundstück um. Was kann man da noch machen?" Clemens blinzelte mit einem Auge, blies eine dicke Rauchwolke in den blauen Himmel, und rief: „ Pl.., pl.., pflastern!"

Der Ratschlag für den Hühnerpferch

Mit einigen Älteren des Ortes saß Clemens in einer Gaststätte und unterhielt sich. Paul Röchling, der Bäckermeister, erzählte, dass er für seine Hühner einen Pferch mit einem sehr hohen Drahtaufbau gebaut habe. Aber die Tiere flögen immer noch darüber. „ Ich spendiere eine Flasche Schnaps, wenn einer von euch mir sagen kann, was ich machen muss, dass die Hühner nicht mehr über diesen Zaun fliegen." Clemens riet ihm: „ Ma.., ma.., mach ein Loch unten in den Zaun, dann fliegen sie nicht mehr darüber."

Die Zündschnur brennt

Kurz nach dem zweiten Weltkrieg herrschte noch große Armut bei uns. Geheizt wurde überwiegend mit Holz, was daher auch sehr knapp war. In den Wäldern lag kein Ast lange herum, alles wurde gesucht und verbrannt. Selbst Tannenzapfen wurden für Anmachholz gesammelt. Auch die Wurzelstöcke wurden aus dem Boden gesprengt oder gegraben und für Heizmaterial verwendet. Clemens besorgte sich immer Brennholz ohne forstbehördliche Genehmigung. So fuhr er eines Tages auch in den Loher Wald und tat seine Karre mit Brennholz beladen. Da sah er den strengen Förster Siemann vom Forsthaus Lohe auf sich zukommen. Wie komme ich aus dieser Schlinge wieder raus, zum Fortlaufen war es zu spät. Was tun? Clemens hockte sich hinter einem Baumstamm, zündete einen Büschel Gras an, und rief ganz laut: „He.., He.., Herr Förster laufen sie ganz schnell fort, die

Zündschnur brennt!” Der alte Förster Siemann in der Hoffnung, dass die Sprengung gleich losgehen würde, nahm seine Flinte in die Hand und rannte davon. Clemens fuhr mit der beladenen Karre in die andere Richtung nach Hause.

Trink sie selber

In den Gasthof Stahlberg in Müsen kehrte Clemens als alter Bergmann besonders gerne ein und unterhielt sich dann mit alten Kumpels. Wenn er nicht genug Geld hatte, ließ er anschreiben, was der Wirt auch ein Bergmann gerne tat. Als Clemens einmal an der Gaststätte vorbei ging, ohne einzukehren, sah es der Wirt und rief: „Clemens, komm mal rein, du hast hier noch was stehen.” Der grinste und rief zurück: „ O.., O.., Otto, trink sie selber, ich habe heute keinen Durst.”

Der geklaute Schinken

An einem Sonntag vor langer Zeit spielte der Musikverein Müsen, in dem auch Clemens aktiv war, in Helberhausen auf einer Silbernen Hochzeit. Die Musikanten gingen leicht beschwingt über Hilchenbach und das Breitenbachtal nach Müsen zurück. Um sich für die letzte Etappe zu stärken, wurde auf der Hunsdall noch mal Rast gemacht. Da erschien plötzlich der zuständige Polizist Karl Lommel aus Allenbach mit seinem Fahrrad. Den langen Säbel am Lenker befestigt, verkündete er: „ Es rührt sich niemand von der Stelle. Da ein großer Schinken von einem Musiker in Helberhausen gestohlen worden ist, muss ich eine strenge Leibesvisitation vornehmen!” Die Taschen und Hüllen für die Musikinstrumente wurden von Lommel besonders durchsucht. Er fand aber nichts, setzte sich auf sein Stahlross und fuhr von dannen. Als er nicht mehr zu sehen war, tauchte Clemens, mit einem Riesenschinken unter dem Arm und einer Flasche Wachholder, hinter einem Busch auf. Er sagte: „E.., e.., eh wir noch Hause kommen wollen wir noch richtig frühstücken und einen Wachholder trinken.” Dies soll schöner gewesen sein, wie die ganze silberne Hochzeit. Die Musikanten haben alle dicht gehalten und erst nach Jahren, als die Straftat verjährt war, wurde sie im Dorf bekannt.

Eine Baugenehmigung fehlte

Ende der 1930er Jahre baute das Unikum in Dahlbruch am Bähnchen, heute Hüttenweg, für sich ein kleines Wohnhäuschen oder besser gesagt eine Hütte. Er hatte weder eine Baugenehmigung noch eine Zusage von dem Grundstückseigentümer, dass er hier was bauen durfte. Da Clemens sehr geschickt war, entstand der Neubau fast nur durch Eigenleistung. Dies blieb der Obrigkeit natürlich nicht unbemerkt, und Clemens musste bei dem regierenden Amtmann Pränger in Keppel erscheinen. Der sagte ganz böse: „ Herr Strack, sie sind der Behörde seit vielen Jahren bekannt, und wir wissen, dass Sie mit den Gesetzen schon oft in Konflikt geraten sind. Dass Sie aber ein ganzes Haus ohne Konzession errichten, das ist der Gipfel der Frechheit. Was sagen Sie dazu?" W.., w.., was soll ich dazu sagen? Wenn der Adolf (Hitler), wie er voriges Jahr ins Rheinland ein marschierte, erst die Engländer und Franzosen nach der Konzession gefragt hätte, da wer er heute noch nicht drin." Zur Verständigung. Im Jahre 1936 ließ Adolf Hitler die deutsche Wehrmacht entgegen den Bestimmungen des Versailler Vertrages und ohne die Alliierten zu fragen, ins Rheinland einmarschieren.

Was der Amtmann nun gesagt hat, wurde nicht bekannt. Clemens zog jedenfalls in sein Eigenheim ein und hat auch nie irgendwelche Steuern oder andere Abgaben dafür bezahlt. Bis zu seinem Lebensende, am 27.Dezember 1956 hat Clemens hier gewohnt. Die Hütte ging an den Grundstückseigentümer über. Sie steht heute noch, trägt den Namen Clemens-Klause und wird für Feierlichkeiten genutzt.

Printed by Books on Demand GmbH, Norderstedt / Germany